STEPHEN BIESTY'S

ANTIKE WELT

STEPHEN BIESTY'S

ANTIKE WELT

ÄGYPTEN ♦ GRIECHENLAND ♦ ROM
IN SPEKTAKULÄREN QUERSCHNITTEN

impian

Genehmigte Lizenzausgabe für Impian GmbH, Hamburg 2022

Umschlaggestaltung: Nele Schütz Design
unter Verwendung von Illustrationen von Stephen Biesty

Druck: UAB BALTO print
Printed in Lithuania

»Stephen Biesty's Antike Welt« wurde ursprünglich 2008 in englischer Sprache herausgegeben.
Die vorliegende Übersetzung wurde mit freundlicher Genehmigung von Oxford University Press herausgegeben.

ISBN 978-3-96269-138-7

www.impian.de

ÄGYPTEN

Eine Reise durch das Pharaonenreich

„Mein Land“ von Dedia, Sohn des Wennufer

Am Anfang schuf Atum, der Sonnengott, sich selbst. Später kamen Nut und Geb, der Himmel und die Erde, hinzu. Und in der Mitte der Erde erschien Ägypten, das Königreich der Zwei Kronen. Das gibt es länger, als irgendjemand zurückdenken kann.

Dies ist meine Heimat. Beschützt wird sie von den vielen Göttern und Göttinnen, und sie ist der schönste Platz auf Erden. Ich bin sehr stolz darauf und kann mir nicht vorstellen, wie es wäre, kein Ägypter zu sein und irgendwo anders zu leben.

Mein Heimatland ist zum größten Teil trocken und staubig. Aber mitten hindurch fließt der Große Fluss, der bedeutendste Strom der Welt. Im Winter und im Frühjahr führt er immer weniger Wasser. Aber im Sommer lässt der Flussgott den Strom wieder auferstehen. Er schwillt an, tritt über die Ufer und verteilt lebenspendendes Wasser auf die Felder zu beiden Seiten. Von diesen Feldern kommen unser Reichtum und unsere Nahrung.

Der mächtige Ramses, der größte aller Gottkönige, herrscht über unser Land. Der Falkengott Horus leitet und schützt ihn, und verglichen mit Ramses bin ich nicht mehr als ein Sandkorn. So wie jedes Jahr der Fluss und jeden Morgen die Sonne wird Seine Majestät nach dem Tod wiedergeboren werden. Er wird ein Gott sein und das ewige Leben haben.

Auch wir können im Jenseits wiedergeboren werden, auf dem Binsengefilde. Damit das geschieht, müssen wir die Götter verehren und unser Herz rein halten. Das ist nicht einfach, aber ich will es versuchen. Versprochen.

Inhalt

Unsere Reise

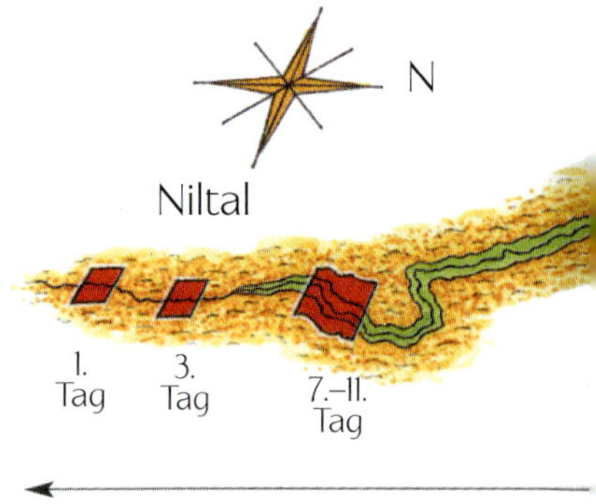

Hallo! Ich bin Dedia, und dies ist die Karte zu dem großartigen Abenteuer, das ich letztes Jahr erlebt habe. Als ich elf Jahre geworden war, sagte mein Vater, Kapitän Wennufer, ich könne nun lernen, ihm bei der Arbeit zu helfen. Wir mussten Waren ausliefern und segelten dabei den Großen Fluss hinunter bis nach Piramesse, zur Hochzeit von Onkel Nebre. Der Onkel ist Schreiber, sehr reich und bedeutend. Mutter blieb zu Hause und kümmerte sich um den Haushalt. Doch ein Problem gab es: Vater ließ meine mürrische Tante Meritat und ihre Tochter Ipuia, die immer alles besser weiß, mitfahren – nicht gerade meine Lieblingsverwandten.

Niltal

Die ägyptische Zivilisation blühte in dem Tal, das der mächtige Nil auf seinem Weg durch die Wüste gegraben hat. Im September, wenn die jährliche Flut zurückgeht, ist der Fluss immer noch mehrere Meter tief und fließt so schnell, wie ein Junge rennen kann.

11. TAG

Friedhof
Für den verehrten Dorfvorsteher werden die abschließenden Riten durchgeführt.

10. TAG

Deir el-Medina
Das dicht bewohnte Dorf wurde für die Arbeiter im Tal der Könige errichtet.

1. TAG

Elephantine
Hier beginnt die Reise – die südlichste Stelle, zu der Schiffe fahren können, ohne auf Stromschnellen zu stoßen.

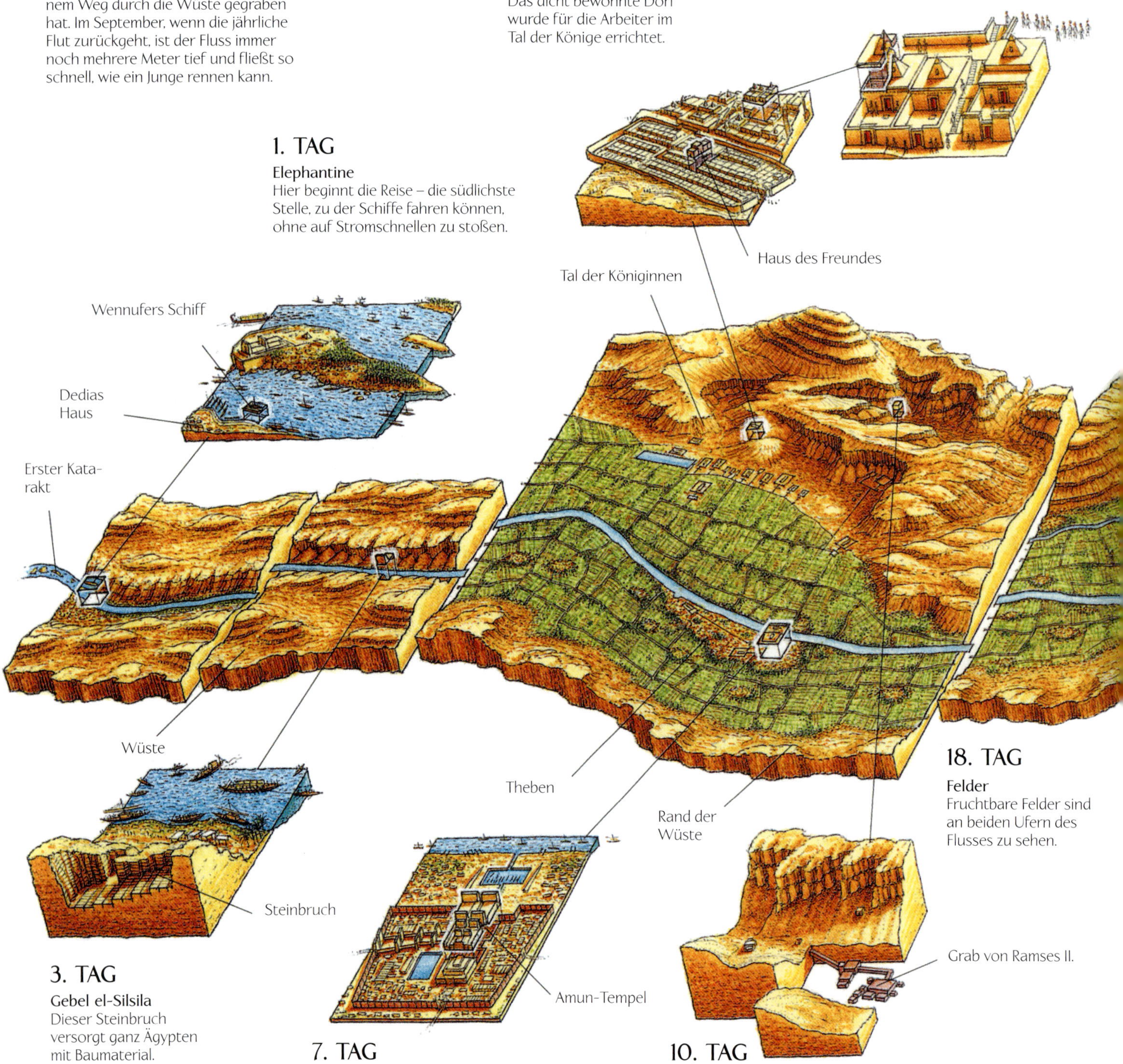

18. TAG

Felder
Fruchtbare Felder sind an beiden Ufern des Flusses zu sehen.

3. TAG

Gebel el-Silsila
Dieser Steinbruch versorgt ganz Ägypten mit Baumaterial.

7. TAG

Karnak
Am Ufer des Nils liegt der großartigste Tempel von Ägypten.

10. TAG

Tal der Könige
An dieser geheimen königlichen Begräbnisstätte erbauen die Arbeiter das Grab für unseren König, Seine Majestät Ramses II.

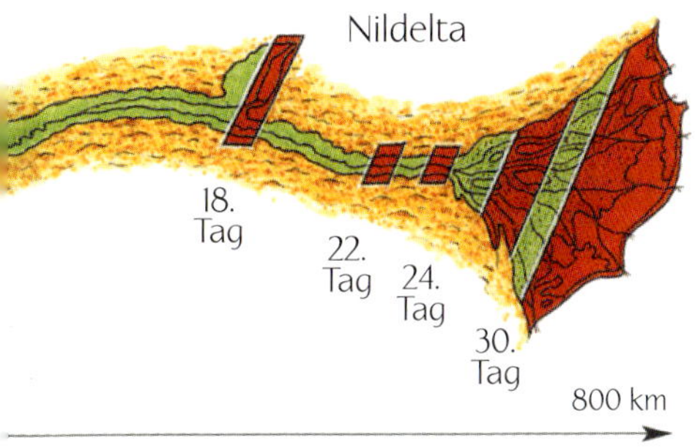

Der ägyptische Kalender

Die 360 normalen Tage des Jahres wurden aufgeteilt in 12 gleich lange Monate:

und in drei Jahreszeiten:

Zahlen wurden durch Symbole ausgedrückt. Ein auf dem Kopf stehendes Hufeisen bedeutete 10. Der Kalender begann mit jeder neuen Königsherrschaft von vorn. 1278 v. Chr., das zweite Regierungsjahr von Ramses II., wurde so geschrieben:

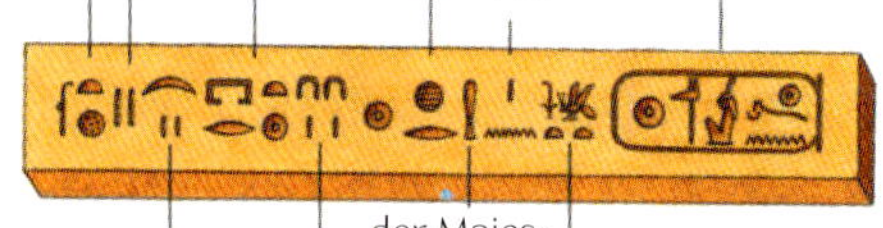

Unsere Geschichte spielt im 48. Regierungsjahr von Ramses II. (1232 v. Chr.).

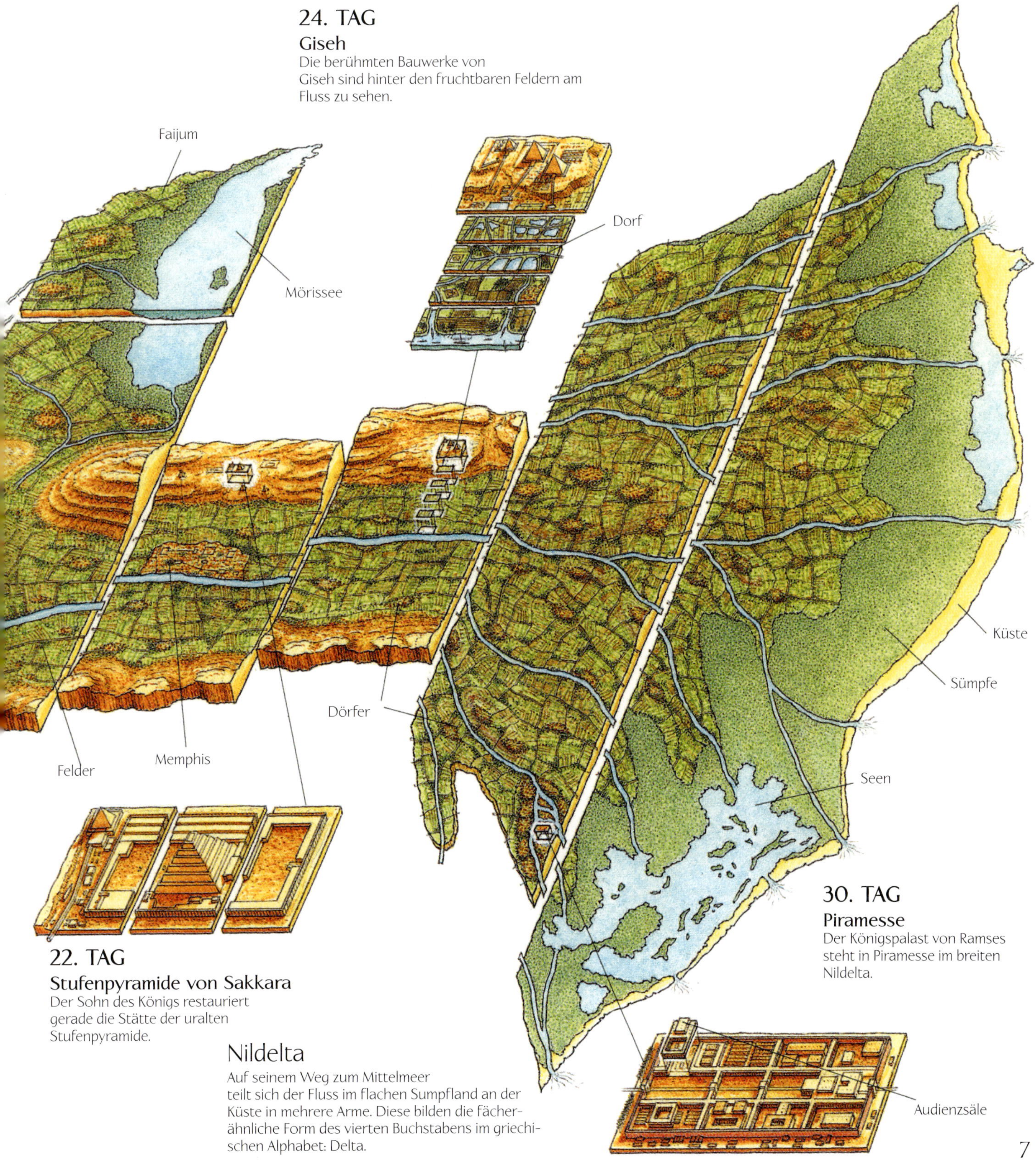

24. TAG

Giseh

Die berühmten Bauwerke von Giseh sind hinter den fruchtbaren Feldern am Fluss zu sehen.

22. TAG

Stufenpyramide von Sakkara

Der Sohn des Königs restauriert gerade die Stätte der uralten Stufenpyramide.

Nildelta

Auf seinem Weg zum Mittelmeer teilt sich der Fluss im flachen Sumpfland an der Küste in mehrere Arme. Diese bilden die fächerähnliche Form des vierten Buchstabens im griechischen Alphabet: Delta.

30. TAG

Piramesse

Der Königspalast von Ramses steht in Piramesse im breiten Nildelta.

Hafen von Elephantine

An den Kais von Elephantine war ich schon oft gewesen, aber immer nur als Zuschauer. Diesmal war es anders – ich sollte tatsächlich Richtung Unterägypten, dem Reich der roten Krone, ablegen. Ich fürchtete mich ein wenig und umklammerte das Amulett, das mir Mutter gegeben hatte. Ich brauchte den Schutz der Götter. Ein Wunsch ging sofort in Erfüllung. Tante Meritat und Cousine Ipuia verspäteten sich. Um seinen knappen Zeitplan einzuhalten, fuhr Vater ohne sie los. Hurra!

Amulett

Ein Amulett war ein kleiner, magischer Anhänger, der seinen Träger schützen oder ihm besondere Kräfte verleihen sollte.

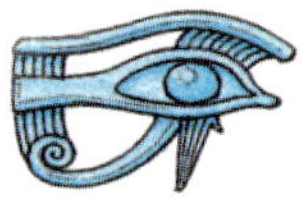

Obeliskenschiff
Ein riesiger Lastkahn, der von kleineren Ruderbooten gezogen wird, transportiert einen 1000 Tonnen schweren Granit-Obelisk, der aus dem nahe gelegenen Steinbruch stammt.

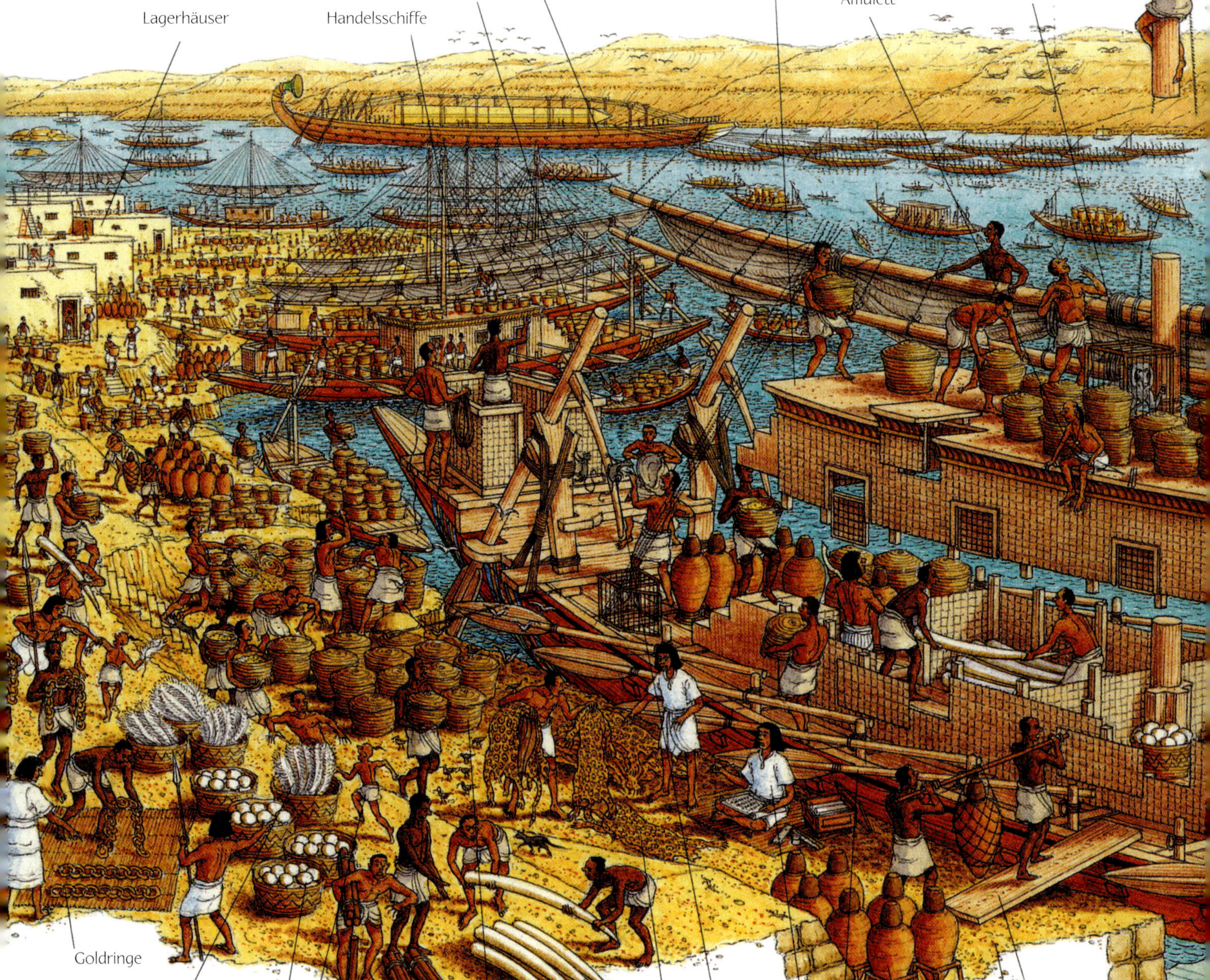

Handel
Die Ägypter liebten exotischen Luxus aus Afrika: Gold, Ebenholz, Elfenbein, Weihrauch und die aromatische Myrrhe. Da sie keine Münzen kannten, tauschten sie die Waren statt sie zu kaufen und zu verkaufen.

Elephantine
Elephantine, das heute zu Assuan gehört, war der südlichste Punkt vor den Katarakten. Deshalb war der Ort ein wichtiger Umschlagplatz für afrikanische Waren.

Katarakte
Der erste der sechs Nil-Katarakte – Stromschnellen voller Felsen, die kein Schiff durchfahren kann – lag direkt südlich von Elephantine. An einem Katarakt wurde das Schiff über Land bis zur nächsten Strecke ruhigen Wassers gezogen.

Nilometer
Die Nilometer maßen den Wasserstand genau. Dieser hier bestand aus Stufen, die je nach Höhe des Wassers bedeckt oder frei waren. Möglicherweise wurden Nilometer auch zur Steuerschätzung eingesetzt – eine starke Überschwemmung konnte mehr fruchtbares Land für die nächste Ernte bedeuten, also höhere Steuereinnahmen!

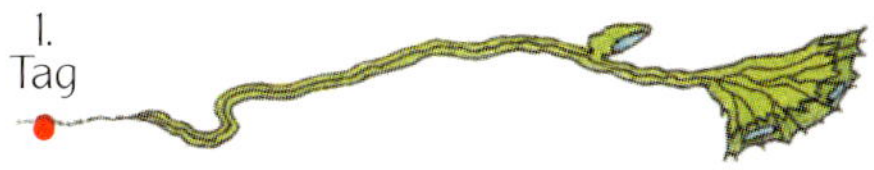

Chnum-Tempel
Der widderköpfige Töpfergott Chnum ist der Hauptgott von Elephantine. Da Widder mit Fruchtbarkeit und Töpfer mit der Herstellung von Dingen verbunden sind, gilt Chnum auch als Schöpfergott.

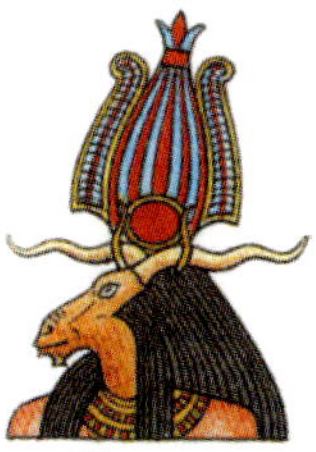
Chnum

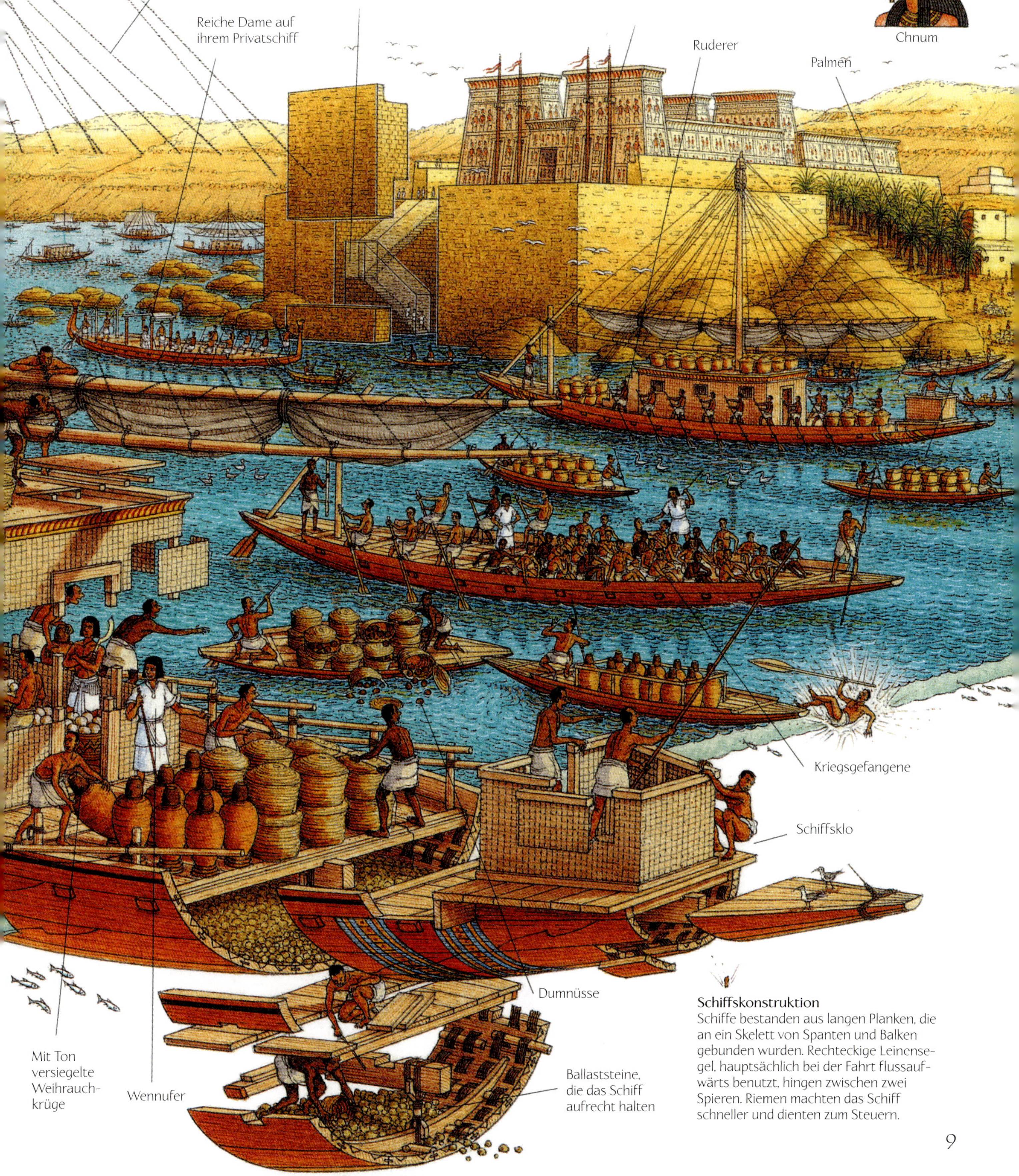

Schiffskonstruktion
Schiffe bestanden aus langen Planken, die an ein Skelett von Spanten und Balken gebunden wurden. Rechteckige Leinensegel, hauptsächlich bei der Fahrt flussaufwärts benutzt, hingen zwischen zwei Spieren. Riemen machten das Schiff schneller und dienten zum Steuern.

Steinbruch von Gebel el-Silsila

Unsere erste Station waren die Steinbrüche von Gebel el-Silsila. Während die Waren ausgeladen wurden, schlenderte ich hinauf zum Steinbruch. Das Können der Arbeiter – viele nur Sklaven – war erstaunlich. Man stelle sich das vor – einen genau rechteckigen Block herauszuhauen.

Unglaublich! Schlechte Nachrichten bei meiner Rückkehr: Tante Meritat hatte ein anderes Schiff genommen und uns eingeholt. Schlimmer noch war das äußerst lästige Hochzeitsgeschenk, das Ipuia dabei hatte: ein lebendes Löwenjunges.

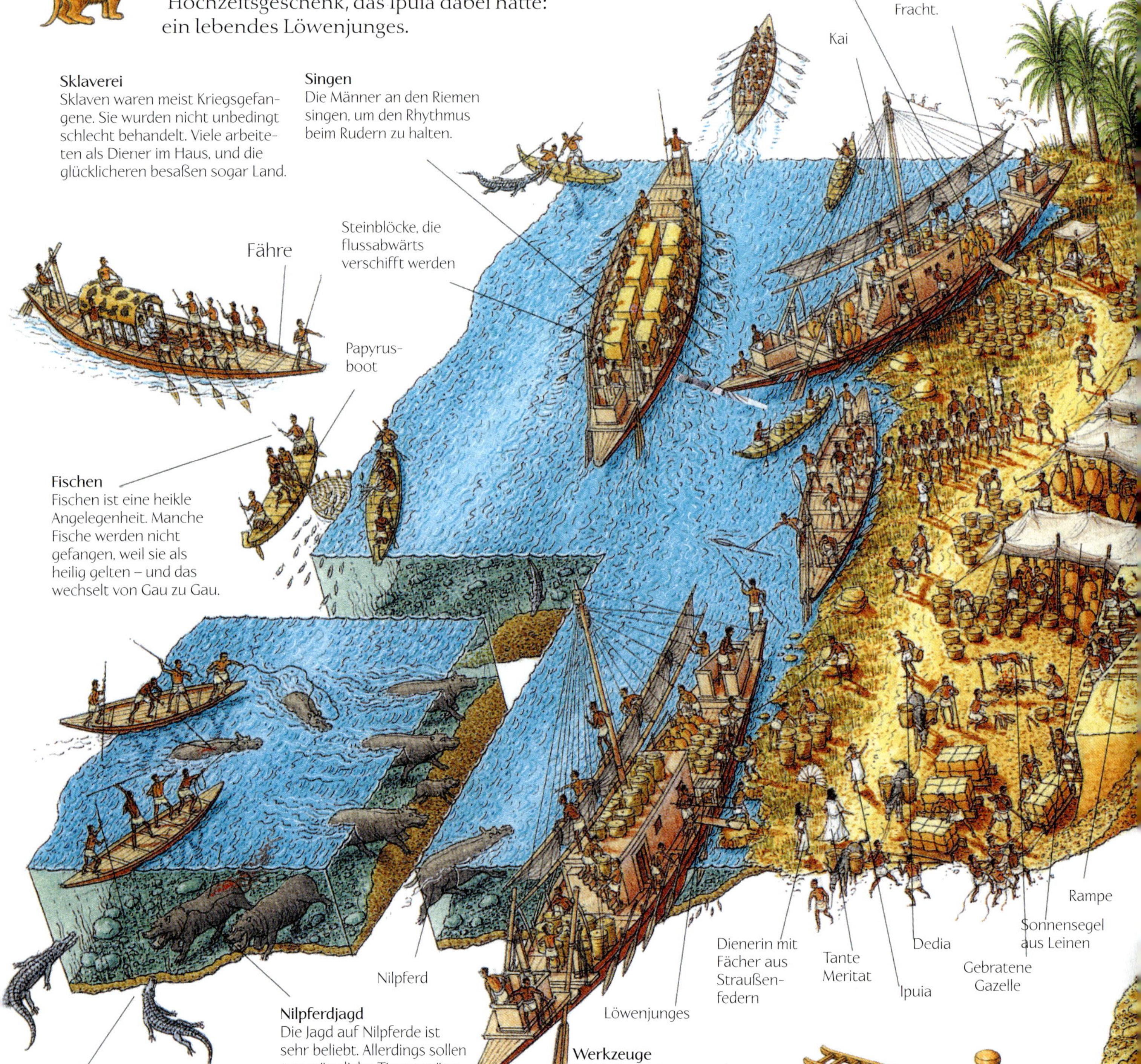

Sklaverei
Sklaven waren meist Kriegsgefangene. Sie wurden nicht unbedingt schlecht behandelt. Viele arbeiteten als Diener im Haus, und die glücklicheren besaßen sogar Land.

Singen
Die Männer an den Riemen singen, um den Rhythmus beim Rudern zu halten.

Fischen
Fischen ist eine heikle Angelegenheit. Manche Fische werden nicht gefangen, weil sie als heilig gelten – und das wechselt von Gau zu Gau.

Krokodilangriff
Ein Krokodilangriff ist wirklich gefährlich. Trotzdem dürfen Krokodile dort, wo der Krokodilgott Sobek verehrt wird, nicht getötet werden.

Nilpferdjagd
Die Jagd auf Nilpferde ist sehr beliebt. Allerdings sollen nur männliche Tiere getötet werden. Das Weibchen gehört zu Thoeris, Göttin des Haushalts und als „die Große“ bezeichnet.

Werkzeuge
Zu Dedias Zeit verwendete man Werkzeuge aus Stein, Holz oder Bronze, einer Legierung aus Kupfer (etwa 90–95 %) und Zinn (etwa 5–10%). Ein Bronzemeißel wurde rasch stumpf, wenn er in Stein geschlagen wurde.

Steinbrucharbeiter
Die mühselige Arbeit des Steinebrechens verrichten meist Verurteilte oder Sklaven. Die anspruchsvolleren Aufgaben übernehmen gelernte Handwerker.

Zuschneiden
Die herausgehauenen Blöcke werden genau zugeschnitten. Das bedeutet viele Stunden langwieriger und sorgfältiger Arbeit mit einem hölzernen Hammer und einem Bronzemeißel.

Minen und Steinbrüche
In Ägypten gab es viele Minen und Steinbrüche. In einigen wurden die Steine für große Bauwerke wie Pyramiden oder Tempel gewonnen, in anderen Mineralien wie Natron oder Salz. Die wertvollsten lieferten Metalle und Halbedelsteine.

Einen Steinblock herausschneiden
1. Der Fels wird zu Blöcken vermessen.
2. Die Kanten werden mit Farbe markiert.
3. Rund um den Block werden schmale Rillen gehackt.
4. Holzkeile spalten den Fels.
5. Die Rohblöcke werden zum Zuschneiden gezogen.

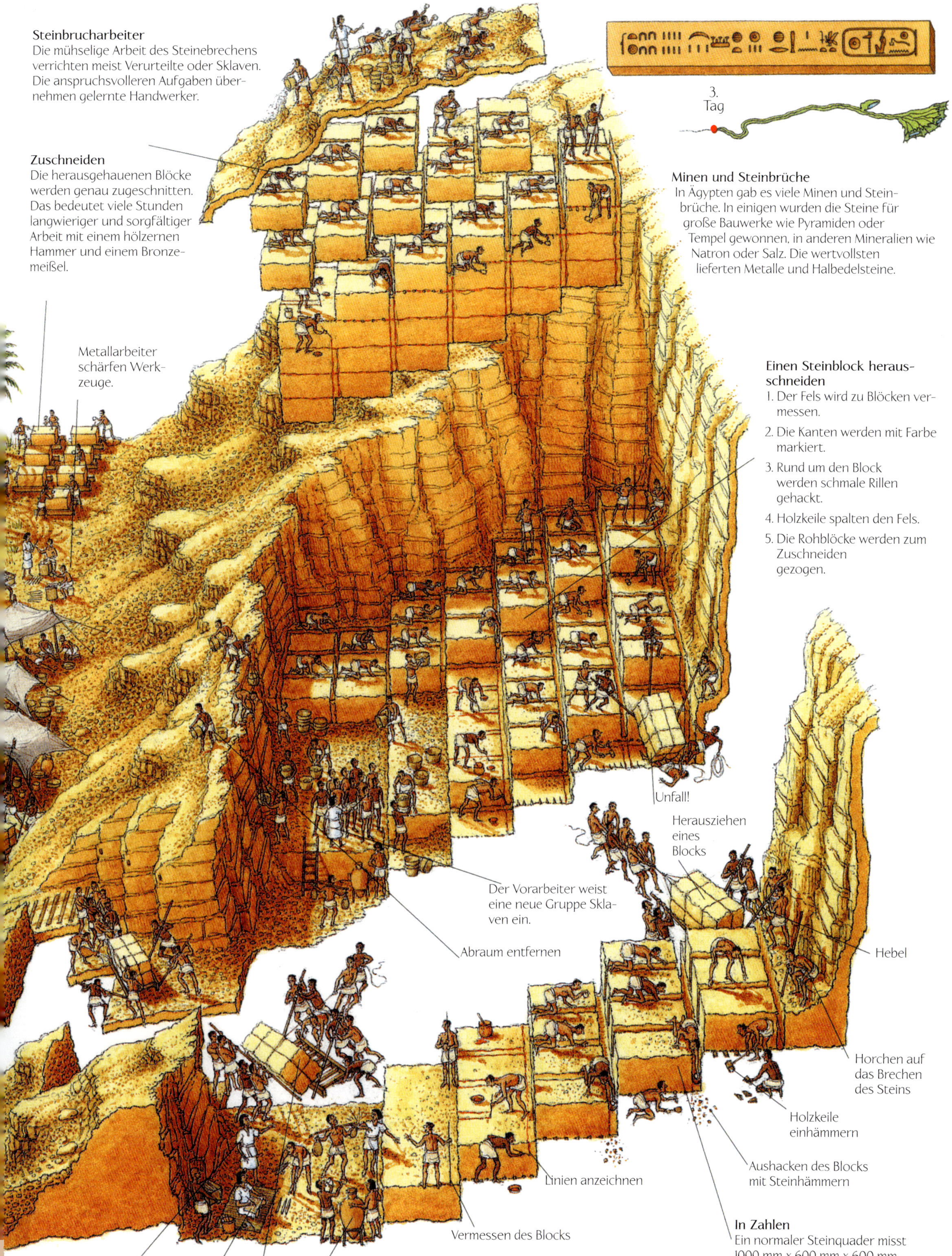

In Zahlen
Ein normaler Steinquader misst 1000 mm x 600 mm x 600 mm und wiegt rund 850 Kilogramm.

Baumaterialien
Die wichtigsten Baumaterialien in Ägypten waren Lehmziegel, Holz und Steine. Gebel el-Silsila lieferte Sandstein, der leicht zu gewinnen war. Kalkstein und Basalt waren gleichfalls beliebte Materialien. Granit, die härteste Steinart, war am schwersten zu bearbeiten.

Tempel des Amun-Re in Karnak

Der Tempel in Karnak, unsere nächste Station, flößt wirklich Ehrfurcht ein. Ich fühlte mich so klein. Wir spürten den mächtigen Amun-Re überall, als würde er uns beobachten. Ipuia und ich gingen mit Vater, um Gold, Elfenbein und Leopardenfelle beim Verwalter der Tempellager abzuliefern. Um die Stimmung ein bisschen aufzuheitern, fragte ich den Verwalter, ob er auch ein Fell von einem Löwenjungen wolle. Leider sagte er nein. Ipuia war fuchsteufelswild!

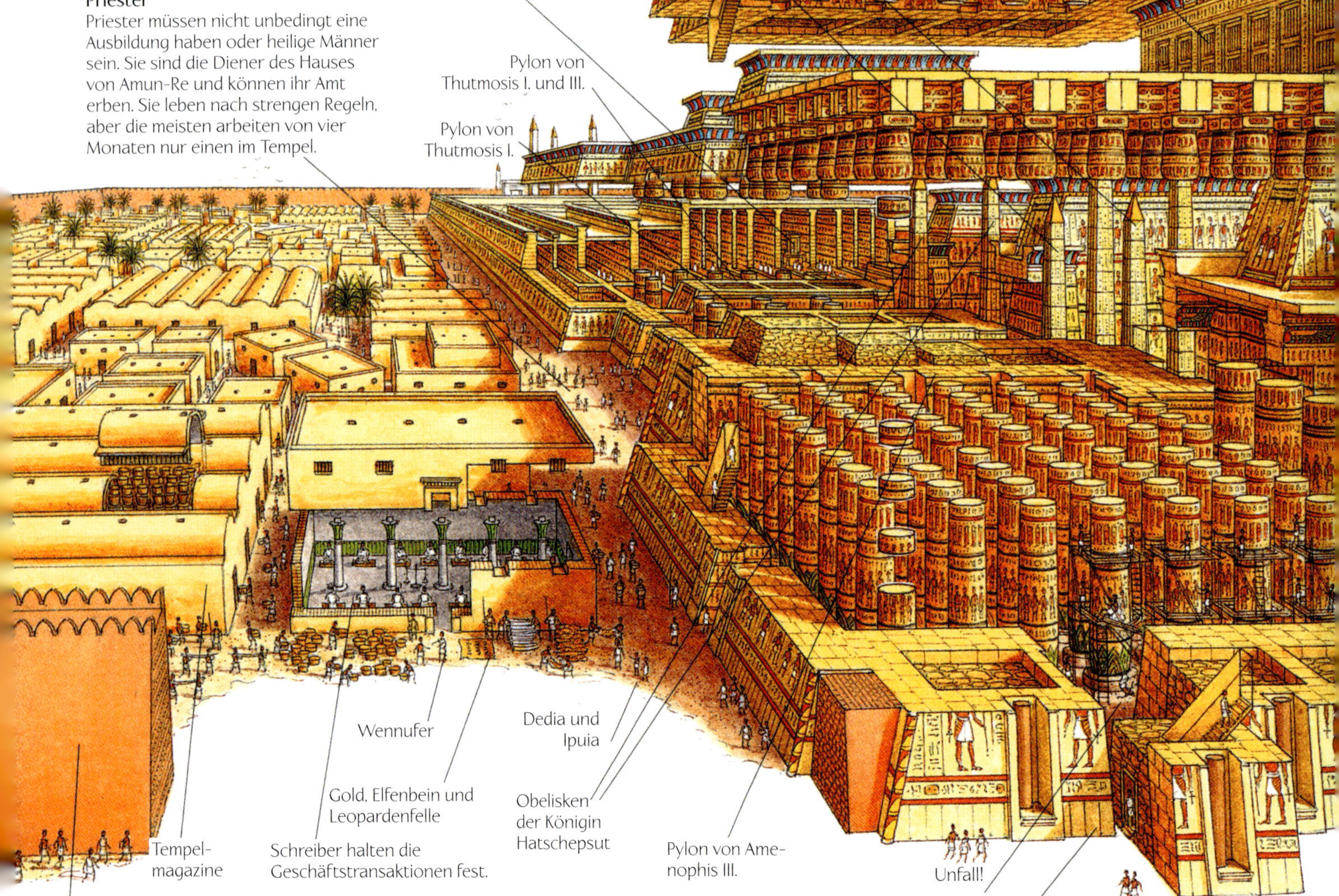

Obelisk von Thutmosis III.
Könige wie Thutmosis III. ließen Obelisken errichten, um ihre Nähe zum Sonnengott zu betonen. Mit seiner vergoldeten Spitze zeigt der Obelisk zur Sonne. Auf der Basis sind Paviane eingemeißelt, jene Tiere, die bei Sonnenaufgang immer besonders aufgeregt sind.

Schrein
Ein Tempel ist das Haus eines Gottes oder einer Göttin. Amun-Re wohnt im Tempel von Karnak. Sein Sitz ist der Schrein (oder das Allerheiligste) tief im Innern des Tempels, wo sich sein Standbild befindet.

Priester
Priester müssen nicht unbedingt eine Ausbildung haben oder heilige Männer sein. Sie sind die Diener des Hauses von Amun-Re und können ihr Amt erben. Sie leben nach strengen Regeln, aber die meisten arbeiten von vier Monaten nur einen im Tempel.

Schreiber
Ganz wenige Ägypter konnten die komplizierten Schriftzeichen, die Hieroglyphen, lesen und schreiben. Die Gelehrten, die ihrer mächtig waren, wurden als Schreiber bezeichnet, genossen hohes Ansehen, waren reich und galten als wichtige Mitglieder der Gesellschaft.

Säulenhain
Mit ihrem Wald von Säulen symbolisiert die Halle die Binsen des Sumpfes, aus dem sich die Erde bei der Schöpfung erhob. Die 134 Säulen, manche 23 Meter hoch, haben die Form von Papyrusstauden.

Pylon
Ein Pylon ist ein riesengroßes zeremonielles Tor. Er besteht aus zwei Türmen, die durch eine Brücke verbunden sind, und symbolisiert den Horizont, über dem die Sonne aufgeht. Tempel können viele Pylone haben, aber die meisten Menschen dürfen nicht weiter als durch den ersten (äußeren) gehen.

Karnak
Die Heiligtümer von Karnak (beim heutigen Luxor) erstreckten sich über mehr als 100 Hektar, die Fläche einer kleinen Stadt. Es gab drei Haupttempel – Amun-Re, der Geiergöttin Mut und dem falkenköpfigen Kriegsgott Month geweiht – sowie eine Reihe kleinerer Tempel.

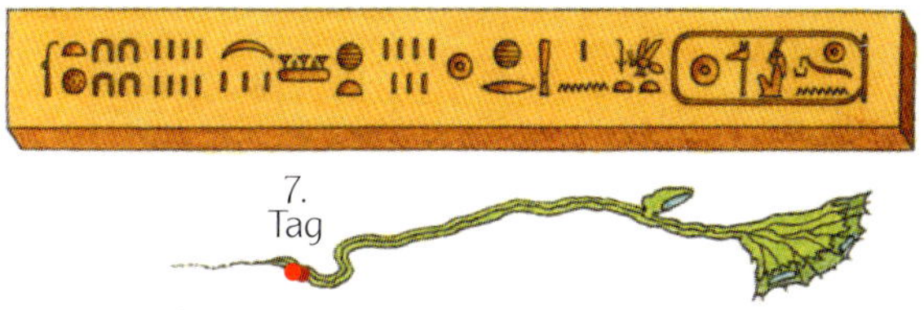

Amun-Re
Der Gott Amun, was wahrscheinlich „der Verborgene" bedeutete, war der Hauptgott im Gebiet von Theben.
Zur Zeit von Ramses II. war er noch mächtiger durch seine enge Verbindung mit Re, dem uralten Sonnengott.

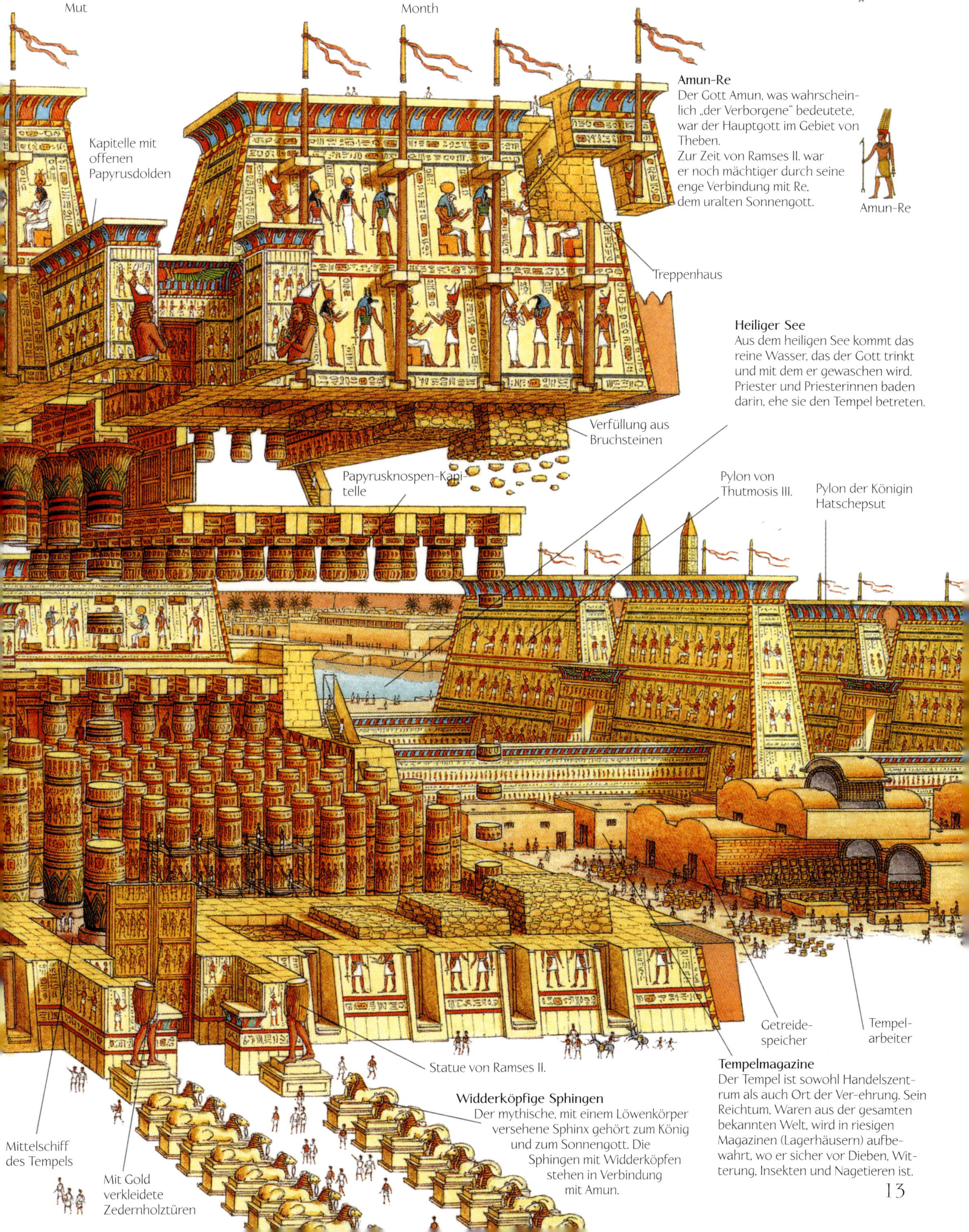

Heiliger See
Aus dem heiligen See kommt das reine Wasser, das der Gott trinkt und mit dem er gewaschen wird. Priester und Priesterinnen baden darin, ehe sie den Tempel betreten.

Widderköpfige Sphingen
Der mythische, mit einem Löwenkörper versehene Sphinx gehört zum König und zum Sonnengott. Die Sphingen mit Widderköpfen stehen in Verbindung mit Amun.

Tempelmagazine
Der Tempel ist sowohl Handelszentrum als auch Ort der Ver-ehrung. Sein Reichtum, Waren aus der gesamten bekannten Welt, wird in riesigen Magazinen (Lagerhäusern) aufbewahrt, wo er sicher vor Dieben, Witterung, Insekten und Nagetieren ist.

Tal der Könige

10.
Tag

Später setzten wir auf die andere Nilseite über und zogen landeinwärts. Wir hatten Säcke mit Farbpigmenten dabei. Sie waren für die Künstler im Tal der Könige, die dort Gräber ausmalten. Die Kontrollen waren sehr streng, aber schließlich durften wir das Tal betreten, in dem so viele unserer Könige begraben sind. Ipuia regte sich immer noch wegen des Löwenjungen auf und sagte, dass unser König, der Große Ramses, sehr tierlieb sei. Immer weiß sie alles besser.

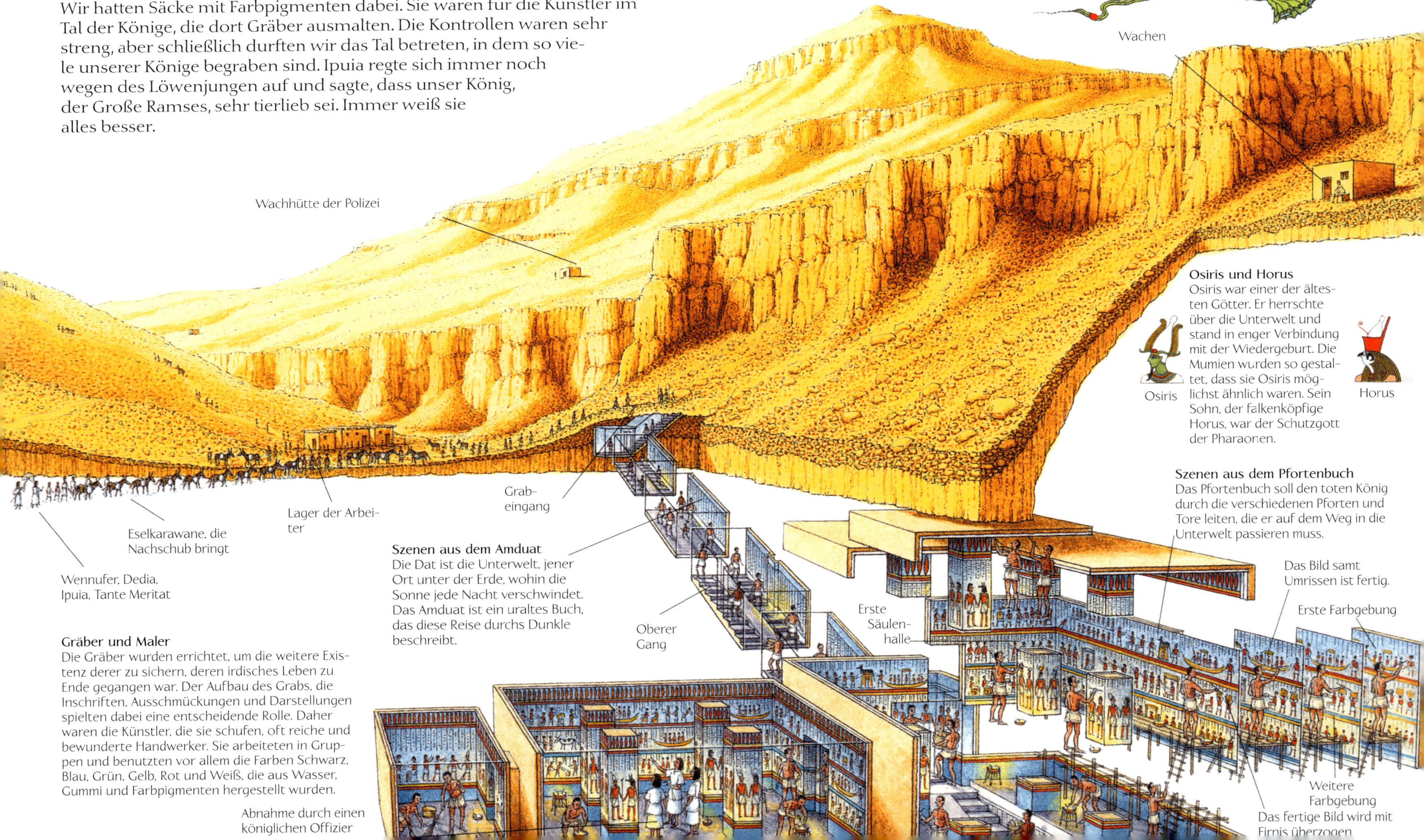

Osiris und Horus
Osiris war einer der ältesten Götter. Er herrschte über die Unterwelt und stand in enger Verbindung mit der Wiedergeburt. Die Mumien wurden so gestaltet, dass sie Osiris möglichst ähnlich waren. Sein Sohn, der falkenköpfige Horus, war der Schutzgott der Pharaonen.

Szenen aus dem Pfortenbuch
Das Pfortenbuch soll den toten König durch die verschiedenen Pforten und Tore leiten, die er auf dem Weg in die Unterwelt passieren muss.

Szenen aus dem Amduat
Die Dat ist die Unterwelt, jener Ort unter der Erde, wohin die Sonne jede Nacht verschwindet. Das Amduat ist ein uraltes Buch, das diese Reise durchs Dunkle beschreibt.

Gräber und Maler
Die Gräber wurden errichtet, um die weitere Existenz derer zu sichern, deren irdisches Leben zu Ende gegangen war. Der Aufbau des Grabs, die Inschriften, Ausschmückungen und Darstellungen spielten dabei eine entscheidende Rolle. Daher waren die Künstler, die sie schufen, oft reiche und bewunderte Handwerker. Sie arbeiteten in Gruppen und benutzten vor allem die Farben Schwarz, Blau, Grün, Gelb, Rot und Weiß, die aus Wasser, Gummi und Farbpigmenten hergestellt wurden.

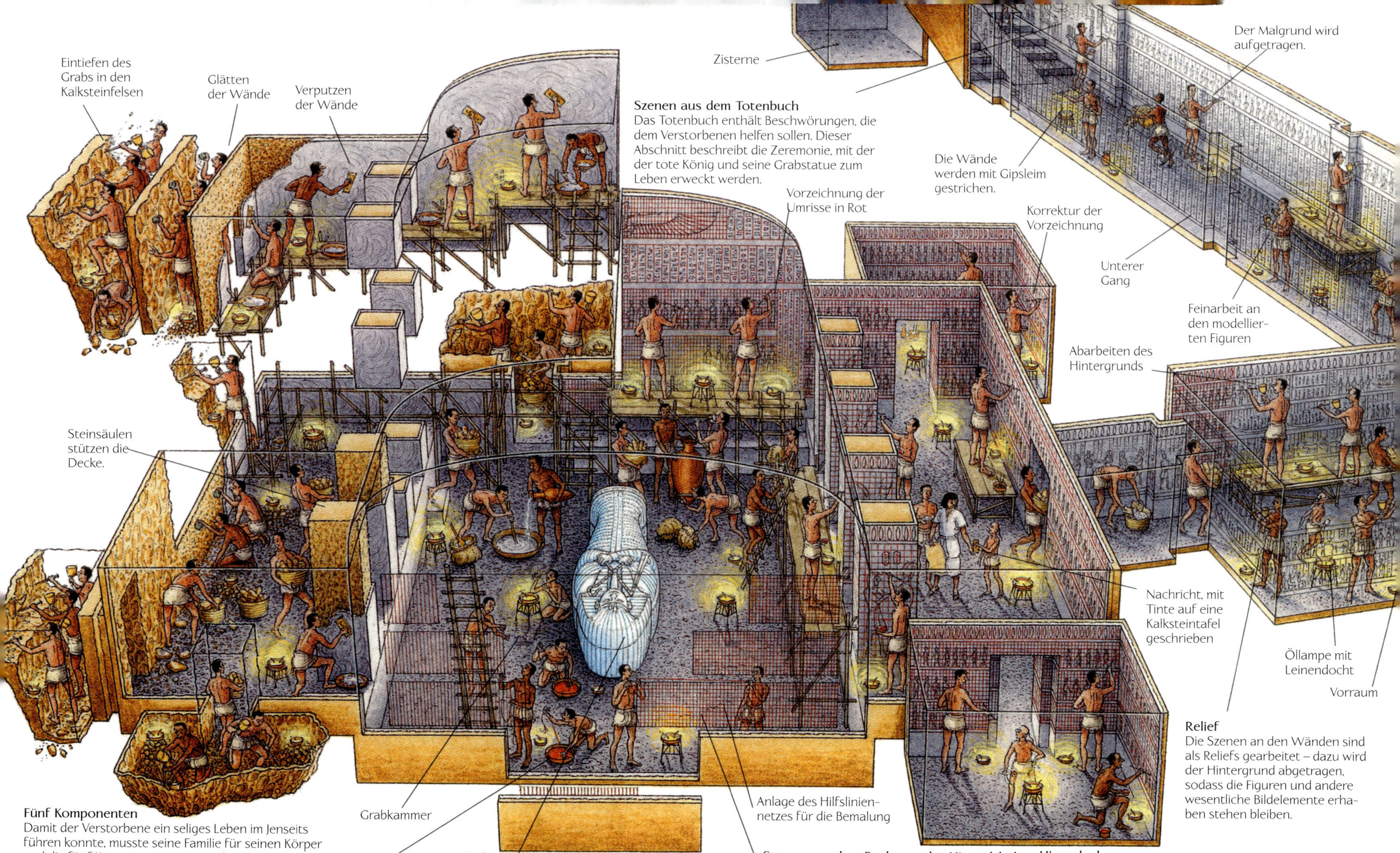

Szenen aus dem Totenbuch

Das Totenbuch enthält Beschwörungen, die dem Verstorbenen helfen sollen. Dieser Abschnitt beschreibt die Zeremonie, mit der der tote König und seine Grabstatue zum Leben erweckt werden.

Relief

Die Szenen an den Wänden sind als Reliefs gearbeitet – dazu wird der Hintergrund abgetragen, sodass die Figuren und andere wesentliche Bildelemente erhaben stehen bleiben.

Fünf Komponenten

Damit der Verstorbene ein seliges Leben im Jenseits führen konnte, musste seine Familie für seinen Körper und die fünf Komponenten seines Charakters sorgen. Diese waren 1. der Name, 2. der beschützende Schatten, 3. Ka (die Lebenskraft), 4. Ba (die Persönlichkeit) und 5. Ach, die geistige Form, die man im Jenseits annahm, nachdem sich Ba und Ka vereint hatten.

Sarkophag

Ineinander geschachtelte goldene Särge werden in diesen Sarkophag aus ägyptischem Alabaster gestellt. Ein Sarkophag ist häufig üppig verziert und innen wie außen mit Einlegearbeiten versehen.

Szenen aus dem Buch von der Himmelskuh

Malereien in der Grabkammer zeigen die Himmelsgöttin Nut als heilige Kuh, die den Sonnengott Re jeden Morgen aus der dunklen Unterwelt (Dat) heraussträgt.

Hieroglyphen

Zu Dedias Zeit waren ungefähr 1000 Hieroglyphen in Gebrauch, und das Schreiben war höllisch schwer. Man schrieb hintereinander weg, ohne Zwischenräume oder Satzzeichen. Manche Zeichen zeigten das Ding, wofür sie standen, andere repräsentierten Lautwerte oder Vorstellungen.

Zwischenhalt in Deir el-Medina

Nach dem Tal der Könige war Tante Meritat müde, und Ipuia sehnte sich nach ihrem Löwenjungen. Zusammen mit ihren Dienern kehrten sie zum Schiff zurück, während Vater und ich nach Deir el-Medina gingen. Dort besuchten wir einen alten Geschäftsfreund von ihm. Der hieß uns begeistert willkommen und bestand darauf, dass wir über Nacht blieben. Es war eine richtige Erholung, Ipuia und ihre ständigen Kommentare über jeden und alles, was wir sahen, los zu sein.

Spielzeug
Ägyptische Kinder hatten einfache Spielzeuge wie Bälle, Puppen, Kreisel und Tiermodelle.

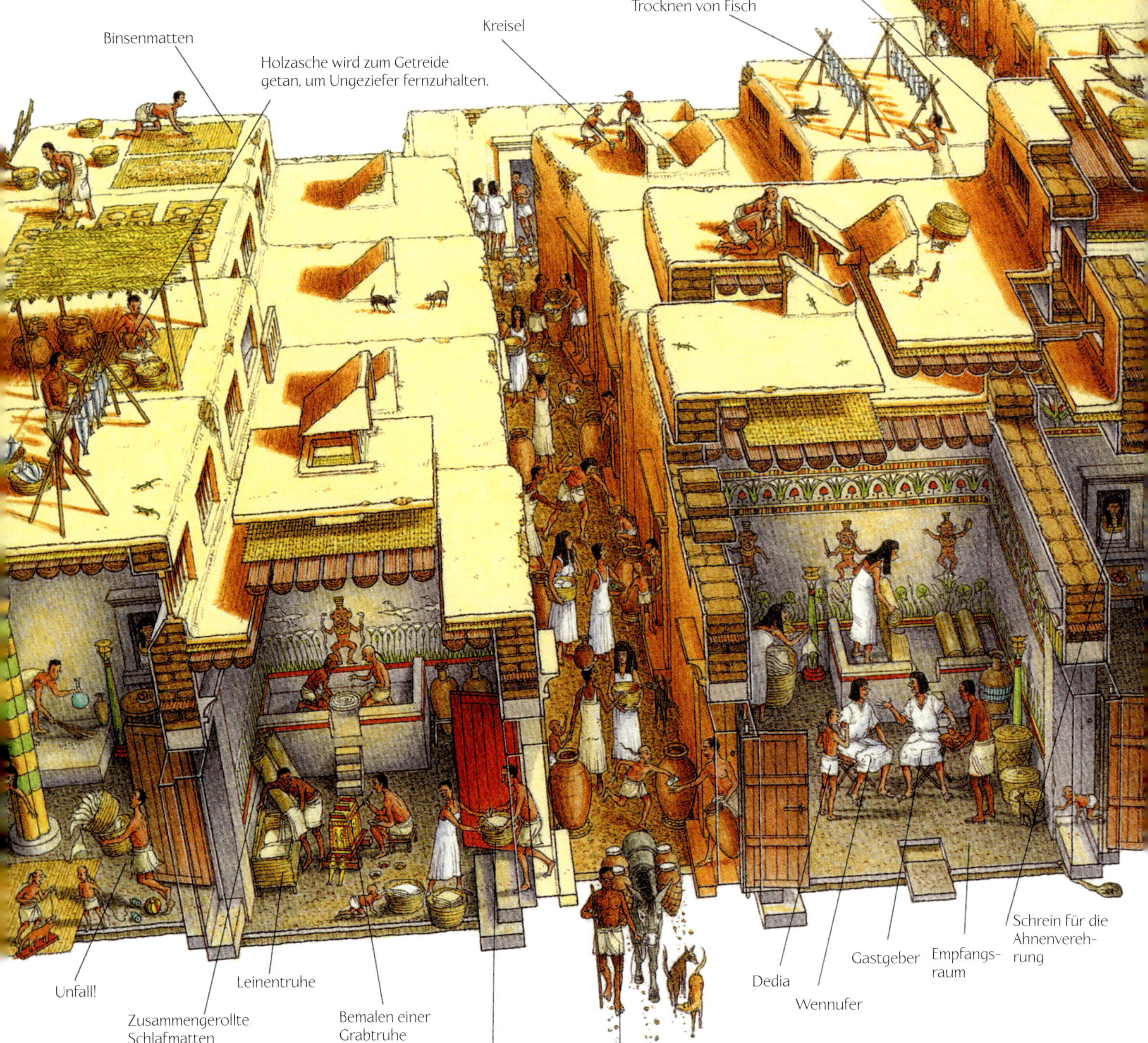

Sicherheit
Die Fenster hatten kein Glas, doch sie waren klein genug, dass das Haus kühl und sicher war. Als zusätzlichen Schutz gegen Diebe und Tiere hatten manche auch Steingitter. Der Zugang zum Keller, wo sich die Wertsachen befanden, wurde oft durch ein darüber gestelltes Bett gesichert.

Möbel
Die besten Möbelstücke waren aus Holz, mit eleganten Schnitzereien verziert und bemalt. In normalen Häusern musste man mit Lehmziegelbänken, einigen Hockern sowie Tongefäßen und Binsenkörben für Vorräte auskommen.

Frauen

Ägypter glaubten an die ideale Balance zwischen Gegensätzen, deshalb waren Männer und Frauen gleich wichtig. Frauen konnten hohe Ämter einnehmen (es gab sechs Herrscherinnen), ein eigenes Geschäft haben und sich scheiden lassen. Trotzdem hatten Männer im Allgemeinen die bessere Ausbildung und auch die meisten offiziellen Positionen inne.

Senet-Spiel

Senet („Passieren" oder „Vorübergehen") ist das beliebteste Spiel. Es wird von zwei Spielern auf einem rechteckigen Brett mit drei Reihen von zehn Quadraten gespielt. Die jeweiligen Züge werden durch das Werfen von Stöcken bestimmt.

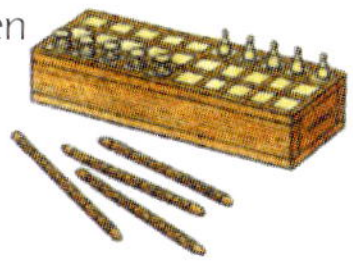

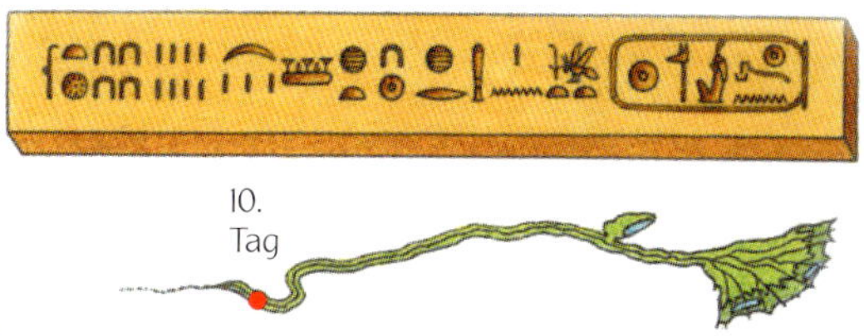

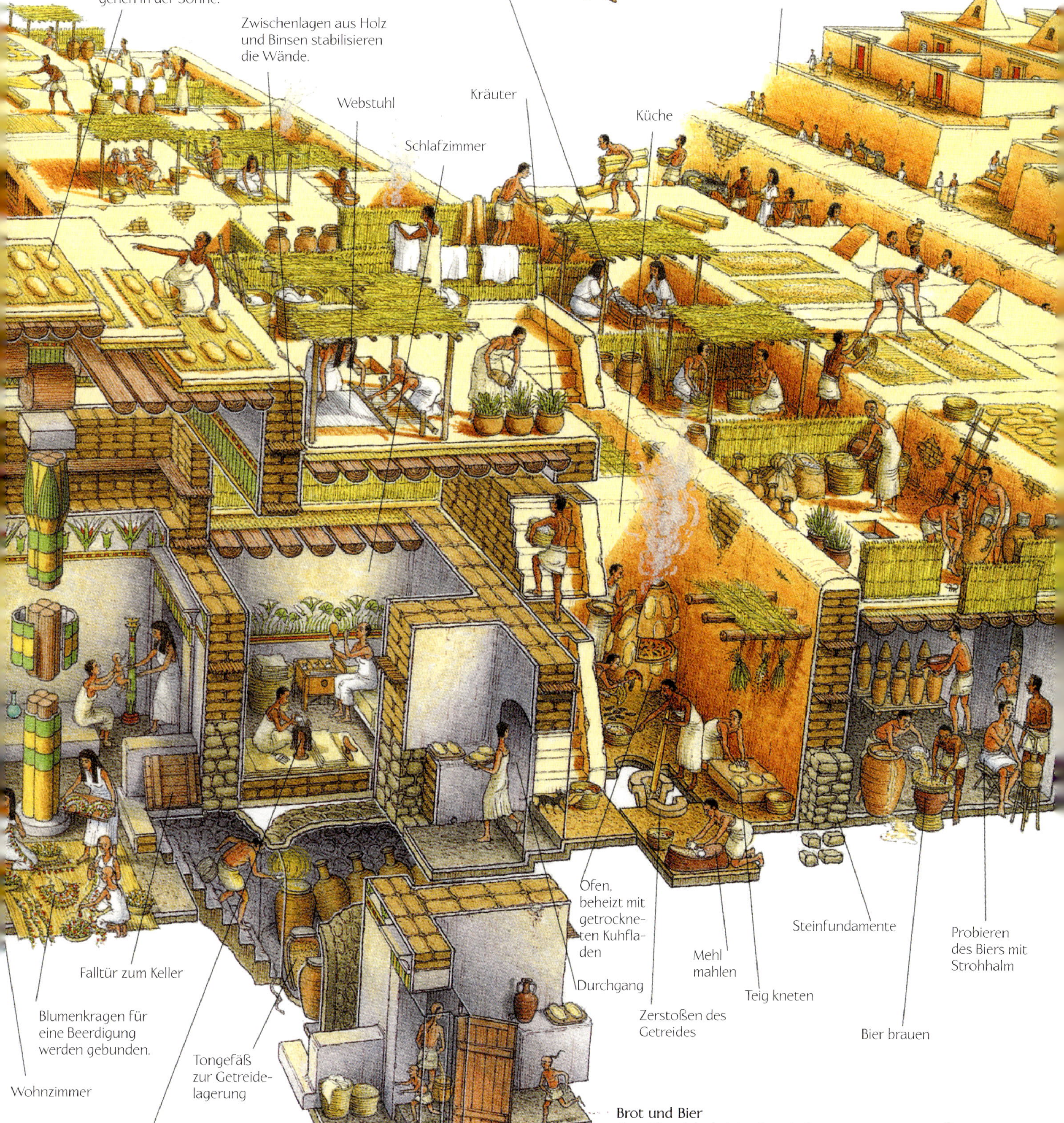

Perücken

Die offizielle Kleidung eines reichen Mannes oder einer reichen Frau ist ohne Perücke unvollständig. Perücken werden aus menschlichem Haar geknüpft und sind parfümiert. Für Frauen sind sie lang und dick, für Männer etwas kürzer, aber meist aufwendiger.

Brot und Bier

Getreide spielte bei der ägyptischen Ernährung die Hauptrolle. Emmer (eine Weizenart) wurde gemahlen und zu Brotlaiben unterschiedlicher Größe und Form gebacken. Bier wurde aus halb gebackenen Gerstenbroten gebraut.

Emmer

Begräbnis in Deir el-Medina

Am nächsten Tag wurde der Dorfvorsteher von Deir el-Medina beerdigt. Zum Zeichen des Respekts blieben Vater und ich, um daran teilzunehmen. In den Wochen nach dem Tod war der Leichnam vorbereitet worden. Die Priester führten die Zeremonie aufs Sorgfältigste aus. Alles, was den Toten ausgemacht hatte – Körper, Seele, Geist, Name und Schatten –, wurde versorgt. So war ihm ein glückliches Leben im Jenseits sicher.

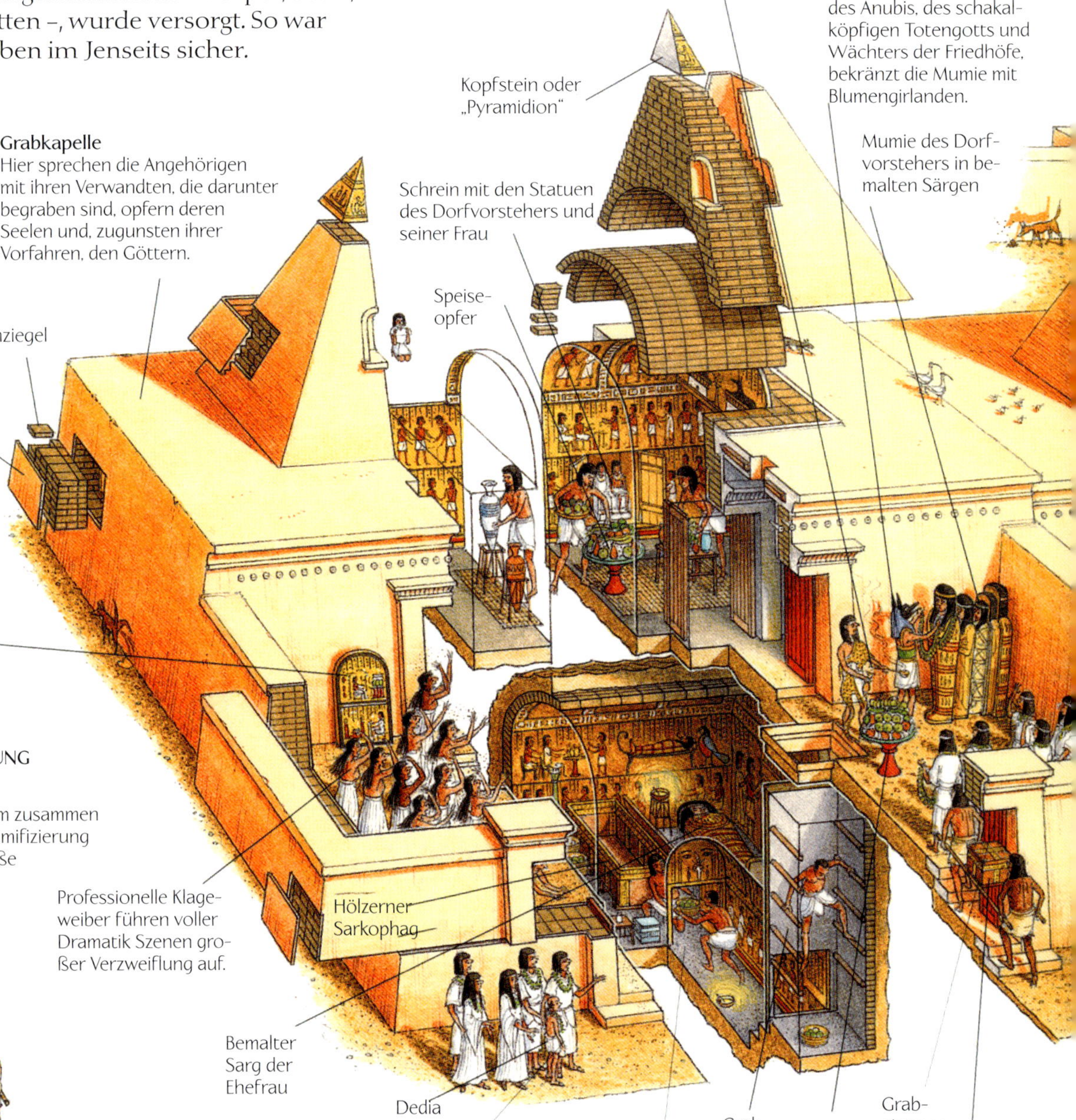

SCHRITTE DER MUMIFIZIERUNG

1. Ablieferung

Die Familie bringt den Leichnam zusammen mit dem Leinen, das für die Mumifizierung benötigt wird. Für die Sarggröße wird der Körper vermessen.

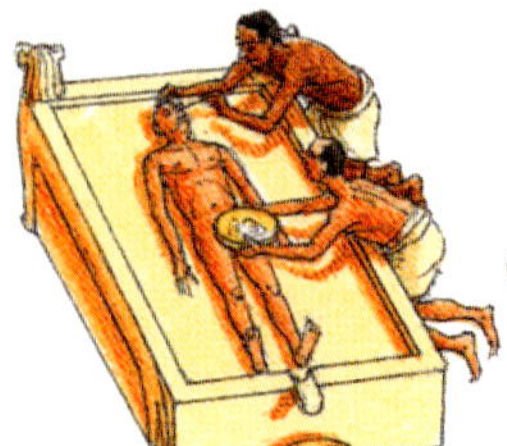

2. Leeren der Hirnschale
Nachdem die Leiche auf einen Steintisch gelegt wurde, wird das Hirn meist mit Haken durch die Nase herausgezogen. Dann wird der Schädel innen ausgewaschen.

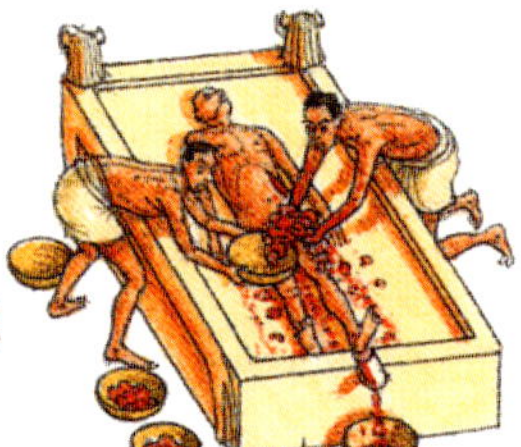

3. Entnahme der Eingeweide
Der Leib wird an der linken Seite aufgeschnitten und alle inneren Organe (außer Herz und Nieren) werden zur gesonderten Konservierung herausgeholt.

4. Waschen und Ausstopfen
Der Körper wird mit aromatisiertem Palmwein gewaschen, dann mit feuchtigkeitabsorbierendem Natron und Füllmaterial ausgestopft, das später wieder entfernt wird.

5. Trocknen
Um alle Reste von Feuchtigkeit, die zum Verfaulen führen würde, zu entfernen, wird der Körper mit Natron bedeckt und 40 Tage lang getrocknet.

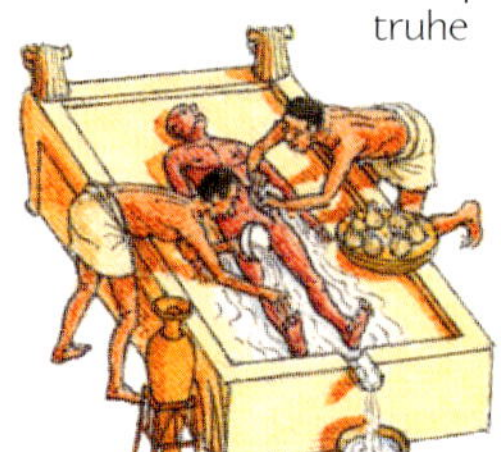

6. Reinigen und Ausfüllen
Mit Nilwasser werden alle Natronreste von der ausgetrockneten Leiche entfernt. Die leere Körperhöhle wird mit Sägemehl und Leinenfetzen ausgefüllt, der Schädel mit harzgetränktem Leinen.

Reise ins Jenseits
Beim Totengericht wurde das Herz des oder der Toten gegen die Feder der Maat (Wahrheit) aufgewogen, um festzustellen, ob er oder sie des Eintritts ins Jenseits würdig war. Die Herzen derer, die durchfielen, wurden einem schrecklichen Ungeheuer, der „Verschlingerin", vorgeworfen. Wer bestanden hatte, durfte in die Binsengefilde, das Reich des Osiris, eintreten.

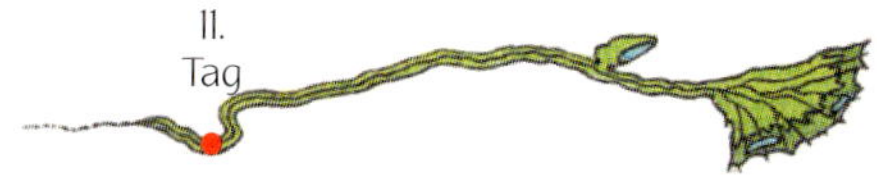

Grabbeigaben
Die Toten werden mit allem ausgestattet, was sie vielleicht im Jenseits brauchen, von Kleidung bis zu Schmuck.

Dorfbewohner auf dem Weg zum Begräbnis

Tonsiegel
Die verschlossenen Türen zum Grab werden mit Siegeln geschützt, in die häufig das Bild von Anubis gedrückt ist.

Kanopentruhe
Die inneren Organe (außer Herz und Nieren, die im Körper verbleiben) sind mumifiziert und in Kanopen (besondere Krüge) getan worden. Diese werden in die Kanopentruhe gestellt.

Vorhof

Nachdem der Sarg abgeliefert ist, kehren der weiße Ochse und der Schlitten ins Dorf zurück.

Freunde und Verwandte, die weiße Stirnbänder tragen, werden den Leichnam begleiten.

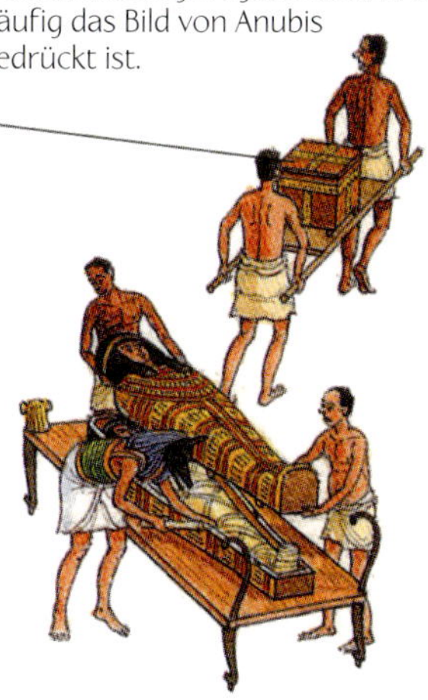

7. Einölen
Der Leichnam wird nun auf einen Holztisch gelegt. Hier werden die Haut eingeölt, die Nasenlöcher verstopft und die Augenhöhlen ausgepolstert. Abschließend wird noch eine Harzschicht aufgetragen.

8. Einwickeln
Während sie bei jedem Schritt Beschwörungen rezitieren, wickeln die Einbalsamierer, beginnend mit den Gliedmaßen, den Körper mit Binden ein.

9. Schützen
Viele Tage lang wird der gesamte Leichnam in Hunderte von Metern Leinenbinden gewickelt. Zwischen die Binden werden schützende Amulette gesteckt.

10. Sichern
Der sorgfältig eingewickelte Leichnam wird mit Leinenkordeln gesichert und in ein leinenes Leichentuch gelegt.

11. Abschluss
Der mit einer bemalten Gesichtsmaske geschmückte Körper wird in den Sarg gehoben. Der schakalköpfige Priester legt einen Papyrus mit dem Totenbuch neben den Verstorbenen.

Stufenpyramide von Sakkara

Von Karnak segelten wir nach Memphis, um einen sehr wichtigen Passagier an Bord zu nehmen: den dortigen Gaufürsten. Er wollte nach Piramesse, zum König. Da er noch nicht fertig war, als wir kamen, machten wir einen Ausflug nach Sakkara, um die Pyramidengräber der altägyptischen Könige zu besichtigen. Die umfangreichen Instandsetzungsarbeiten durch Prinz Chaemwese ließen den Ort ein bisschen wie eine Schutthalde aussehen. Unnötig zu sagen, dass Ipuia über alles wieder alles wusste – außer über das alte Graffito, das ich gefunden habe.

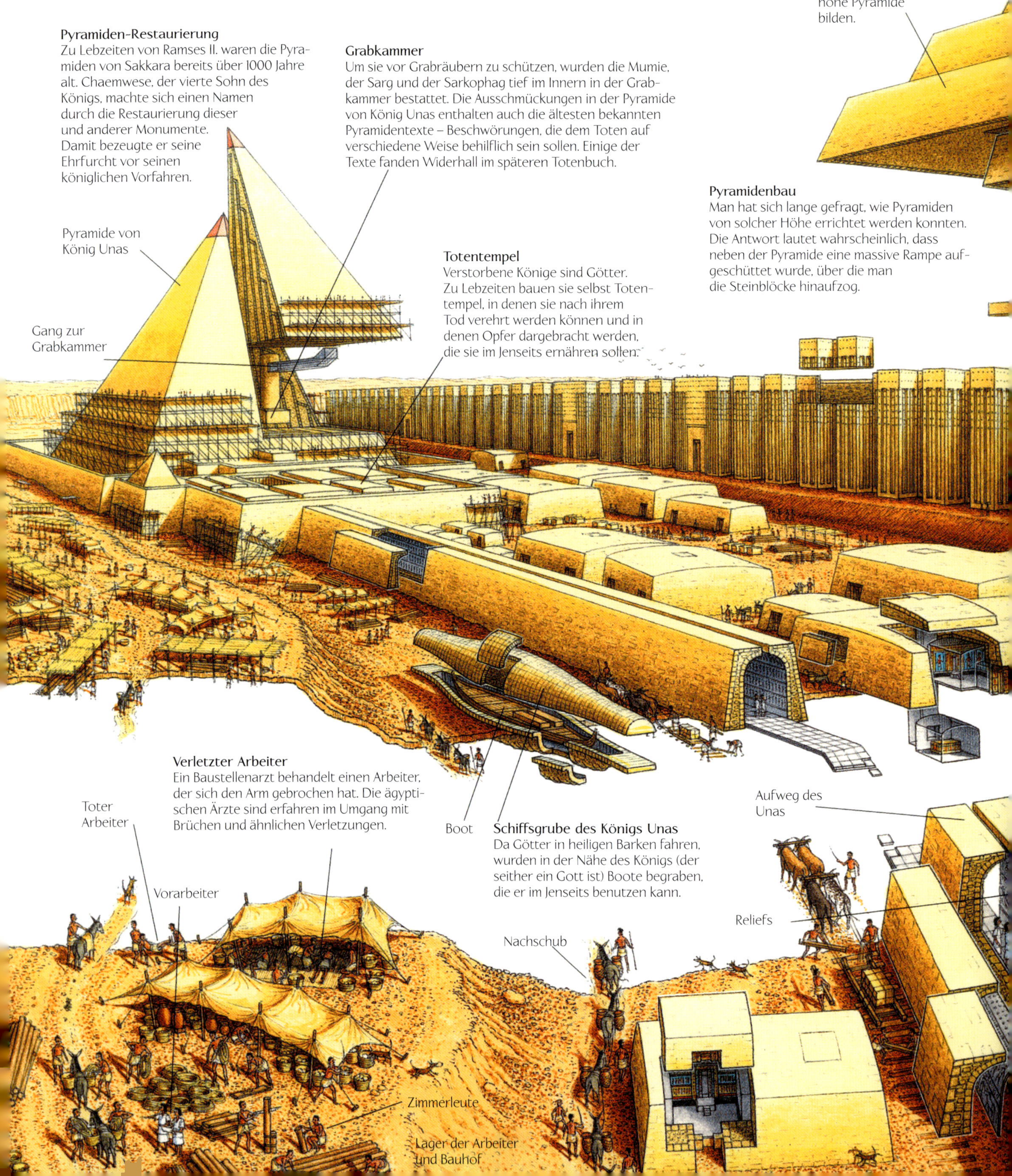

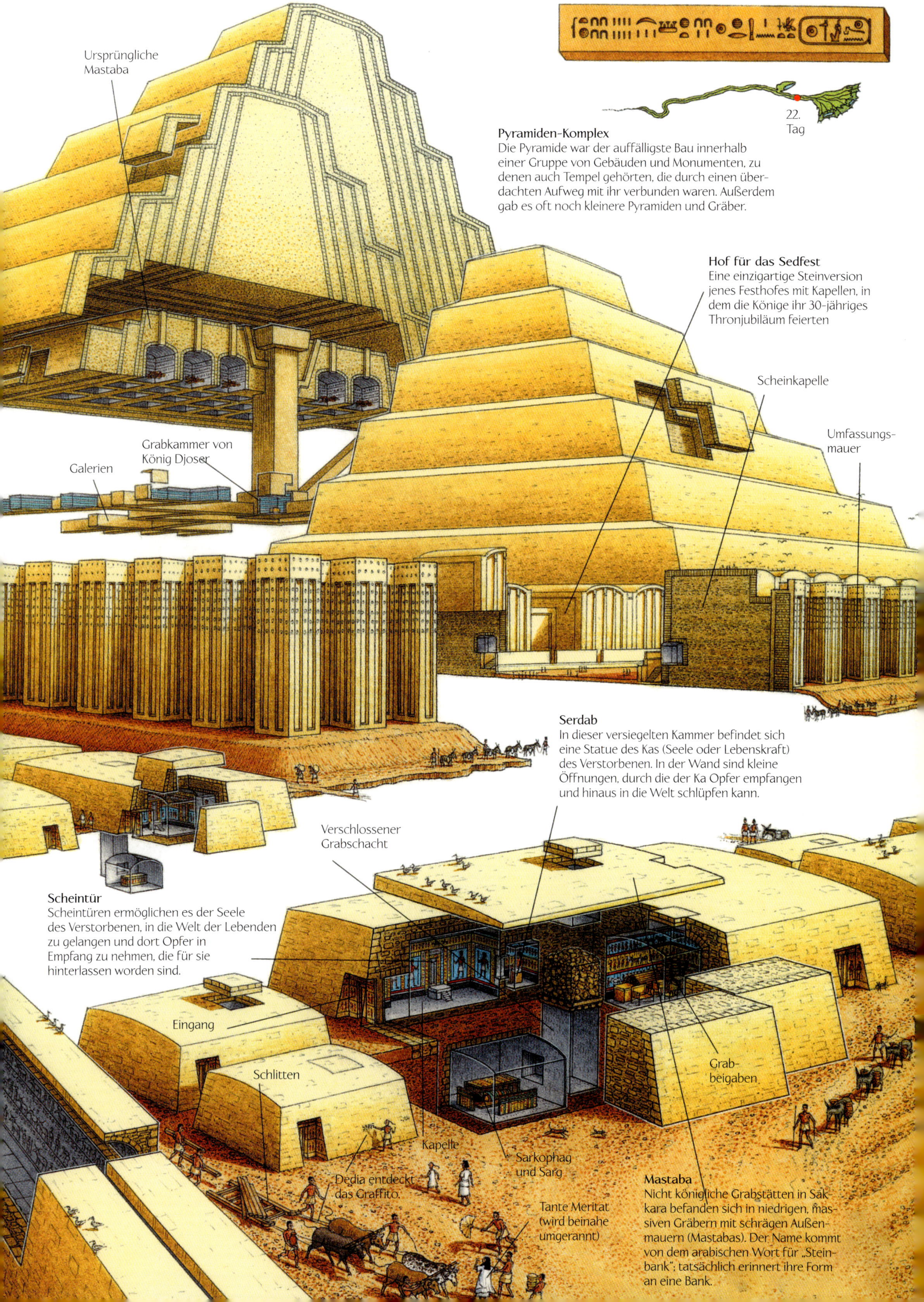

Pyramiden-Komplex
Die Pyramide war der auffälligste Bau innerhalb einer Gruppe von Gebäuden und Monumenten, zu denen auch Tempel gehörten, die durch einen überdachten Aufweg mit ihr verbunden waren. Außerdem gab es oft noch kleinere Pyramiden und Gräber.

Hof für das Sedfest
Eine einzigartige Steinversion jenes Festhofes mit Kapellen, in dem die Könige ihr 30-jähriges Thronjubiläum feierten

Serdab
In dieser versiegelten Kammer befindet sich eine Statue des Kas (Seele oder Lebenskraft) des Verstorbenen. In der Wand sind kleine Öffnungen, durch die der Ka Opfer empfangen und hinaus in die Welt schlüpfen kann.

Scheintür
Scheintüren ermöglichen es der Seele des Verstorbenen, in die Welt der Lebenden zu gelangen und dort Opfer in Empfang zu nehmen, die für sie hinterlassen worden sind.

Mastaba
Nicht königliche Grabstätten in Sakkara befanden sich in niedrigen, massiven Gräbern mit schrägen Außenmauern (Mastabas). Der Name kommt von dem arabischen Wort für „Steinbank"; tatsächlich erinnert ihre Form an eine Bank.

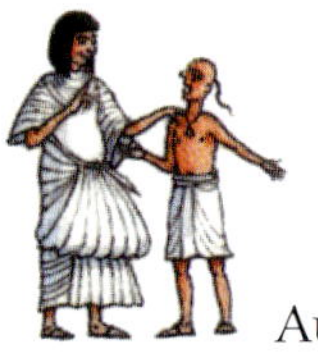

Der fruchtbare Nil

Auf unserer Weiterfahrt beobachtete ich die Bauern, die nach der Flut ihre Felder wieder in Besitz nahmen und für die Aussaat vorbereiteten. Eines Morgens, als wir die Pyramiden und den Sphinx von Giseh passierten, sprach mich der Gaufürst an. Seine Majestät, sagte er, habe Tiere sehr gern. Könnten wir ihm vielleicht das Löwenjunge anbieten? Ohne nachzudenken antwortete ich, ich sei entzückt. Als ich erklärte, dass das Löwenjunge Ipuia gehöre, lächelte der Gaufürst und sagte, er würde das schon klären.

Der Sphinx von Giseh
„Sphinx" bedeutete wohl „lebende Statue", und der größte und am besten erhaltene trägt wahrscheinlich die Züge des Königs Chephren. Er wurde ursprünglich aus einem einzigen Felsen vor Ort herausgeschlagen. Insgesamt ist der Sphinx 73 Meter lang und 20 Meter breit. Die Arbeiter, die zu sehen sind, ersetzen gerade seinen Bart.

Felder abstecken
Da die Nilflut alle alten Feldgrenzen weggewaschen hat, müssen sie von Beamten, die „Seilstraffer" genannt werden, neu vermessen werden.

Ziegelherstellung
Ziegel werden aus Nilschlamm hergestellt, der mit Häcksel oder Dreschabfällen verstärkt wird. Sie werden nicht gebrannt, sondern einfach in der heißen Sonne getrocknet.

Vögel fangen
Vögel wie Wildenten und -gänse sind eine gute Fleischquelle. Und die Jagd auf sie ist auch beliebt.

Aussaat
Weizen und Gerste werden über das Feld geworfen. Anschließend trampeln Ziegen die Saatkörner in die Erde.

Pflügen
Da die Erde, die die Flut hinterlassen hat, lehmig und locker ist, können Menschen oder Ochsengespanne die leichten Holzpflüge bequem ziehen.

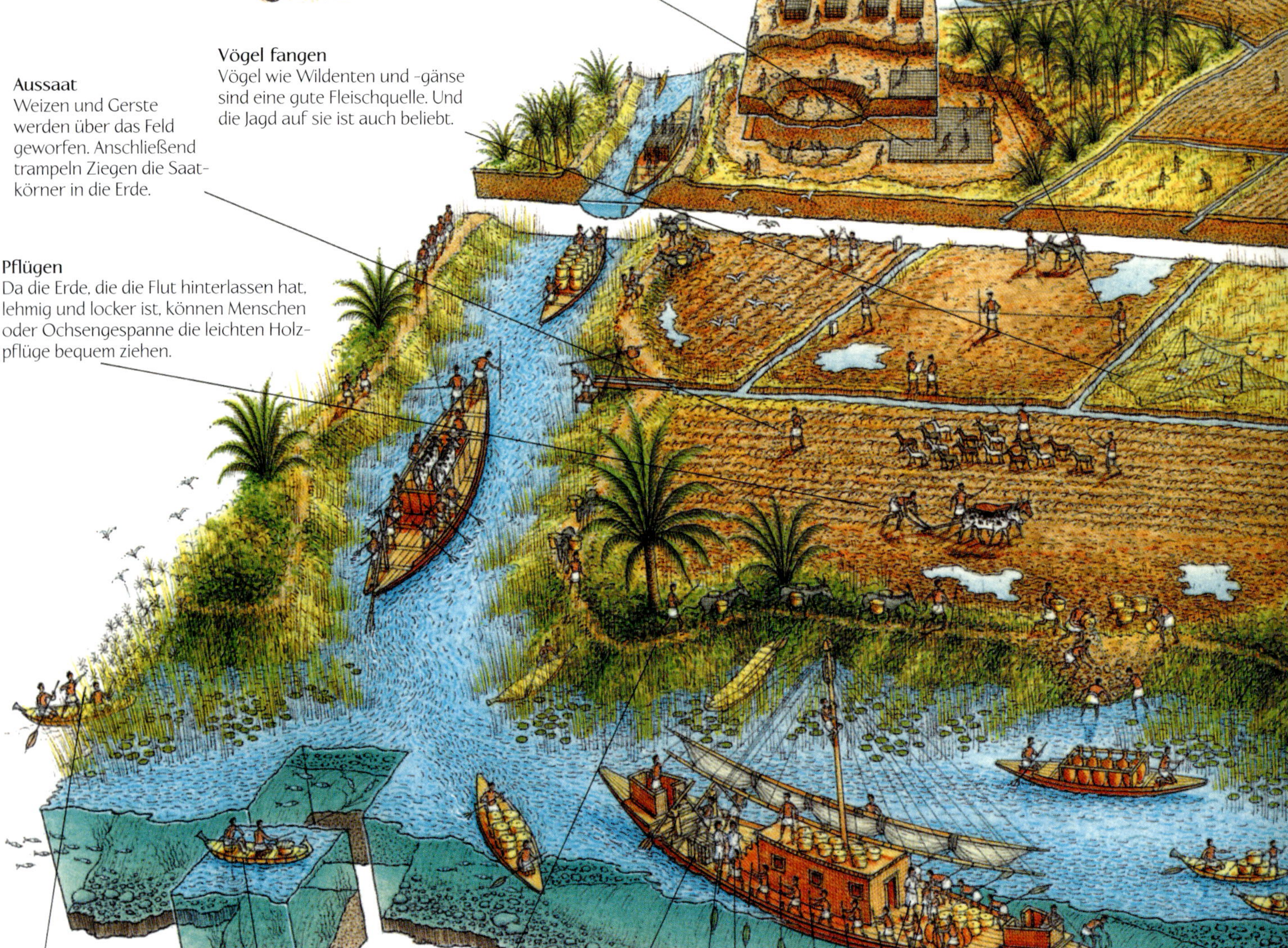

Wurfholz
Vögel werden in Netzen gefangen oder mit besonderen Holzstöcken gejagt, die sich sehr genau und mit großer Kraft schleudern lassen.

Die Nilflut
Ägypten war total von der alljährlichen Nilflut (Überschwemmung) abhängig. Ausgelöst wurde sie durch heftige Regenfälle viel weiter südlich, in Zentralafrika. Die Flut brachte fruchtbaren Schlamm auf die Felder zu beiden Seiten des Nils. In der Gegend von Memphis war sie Anfang September am höchsten.

Loten
Ein Seemann prüft die Wassertiefe mit einem Gewicht, das sich an einem Lotseil befindet. Wenn ein Schiff bei fallendem Nilpegel auf Grund läuft, dann kann es sehr lange festsitzen!

Große Pyramide
Erbaut als Grabmal des Königs Cheops, des Vaters von Chephren. Diese größte Pyramide besteht aus rund 3,2 Millionen Steinblöcken, von denen jeder durchschnittlich 2,5 Tonnen wiegt.

Bewässerungsbecken
Wenn die Nilflut rasch fällt, ist es wichtig, das Wasser nicht zu schnell ablaufen zu lassen. So viel wie möglich wird in riesigen Becken zurückgehalten und dann in Kanäle und Gräben geleitet, um die Felder zu bewässern.

Dorf
Dörfer werden oberhalb der Hochwasserlinie oder auf aufgeschütteten Hügeln gebaut. Im Lauf der Zeit werden diese Hügel höher, wenn neue Häuser auf den Resten der alten errichtet werden. In Jahren mit außergewöhnlich hoher Nilflut stehen viele Siedlungen unter Wasser – oder werden sogar komplett weggeschwemmt.

Papyrus
Die Papyrusstauden, die überall am Nilufer wuchsen, fanden vielerlei Verwendung, unter anderem für geflochtene Körbe und Boote. Aus den Stängeln wurden Streifen geschnitten, überlappend ausgelegt und zu einer frühen Art von Papier – gleichfalls als Papyrus bezeichnet – gepresst oder gehämmert.

Ramses' Palast in Piramesse

Wie regelte der Gaufürst die Sache mit Ipuia? In Piramesse richtete er es ein, dass wir das Löwenjunge Seiner Majestät höchstpersönlich überbringen durften! Durch die Palasthöfe zu laufen, vor dem Thron zu liegen, diese Stimme zu hören – unvergesslich. Und noch mehr: Seine Majestät schenkte Ipuia eine wunderschöne Halskette. Später, nachdem wir so viel zusammen erlebt hatten, wurden Ipuia und ich richtig gute Freunde. Und wir sind es noch.

30. Tag

Ramses der Große
Ramses II. gilt als „der Große", weil er in seiner außergewöhnlich langen, 67-jährigen Regierungszeit eine riesige Zahl von Bauwerken (die meisten zu seiner eigenen Ehre) in ganz Ägypten übernahm oder errichten ließ.

Ramses II.

Pharao
Die Bedeutung des königlichen Palastes (*per-aa*, „Großes Haus") lässt sich daran ermessen, dass die Bezeichnung schließlich zum Titel für den König selbst wurde: Pharao.

Tochtergemahlin
Bintanat, Lieblingsfrau des Königs (zugleich seine Tochter), sitzt zu seiner Linken.

Thronsaal
Der Thronsaal ist wie das innere Heiligtum in einem Tempel, wo der Gottkönig ganz hinten auf einer Plattform thront.

Fliesen
Die Fliesen auf dem Boden zeigen die Feinde des Königs: Wer in den Saal kommt, tritt sie also mit Füßen!

Musikinstrumente
Ägypter lieben Musik und spielen eine Vielzahl von Instrumenten: Schlag- (z. B. Trommeln und Tamburine), Blas- (z. B. Flöten) und Saiteninstrumente (z. B. Lauten).

Säulenhalle
Der gesamte Palast und vor allem diese Säulenhalle sind mit Szenen geschmückt, die dem Betrachter zeigen, dass der König die Quelle von Fruchtbarkeit, Reichtum und Fülle ist.

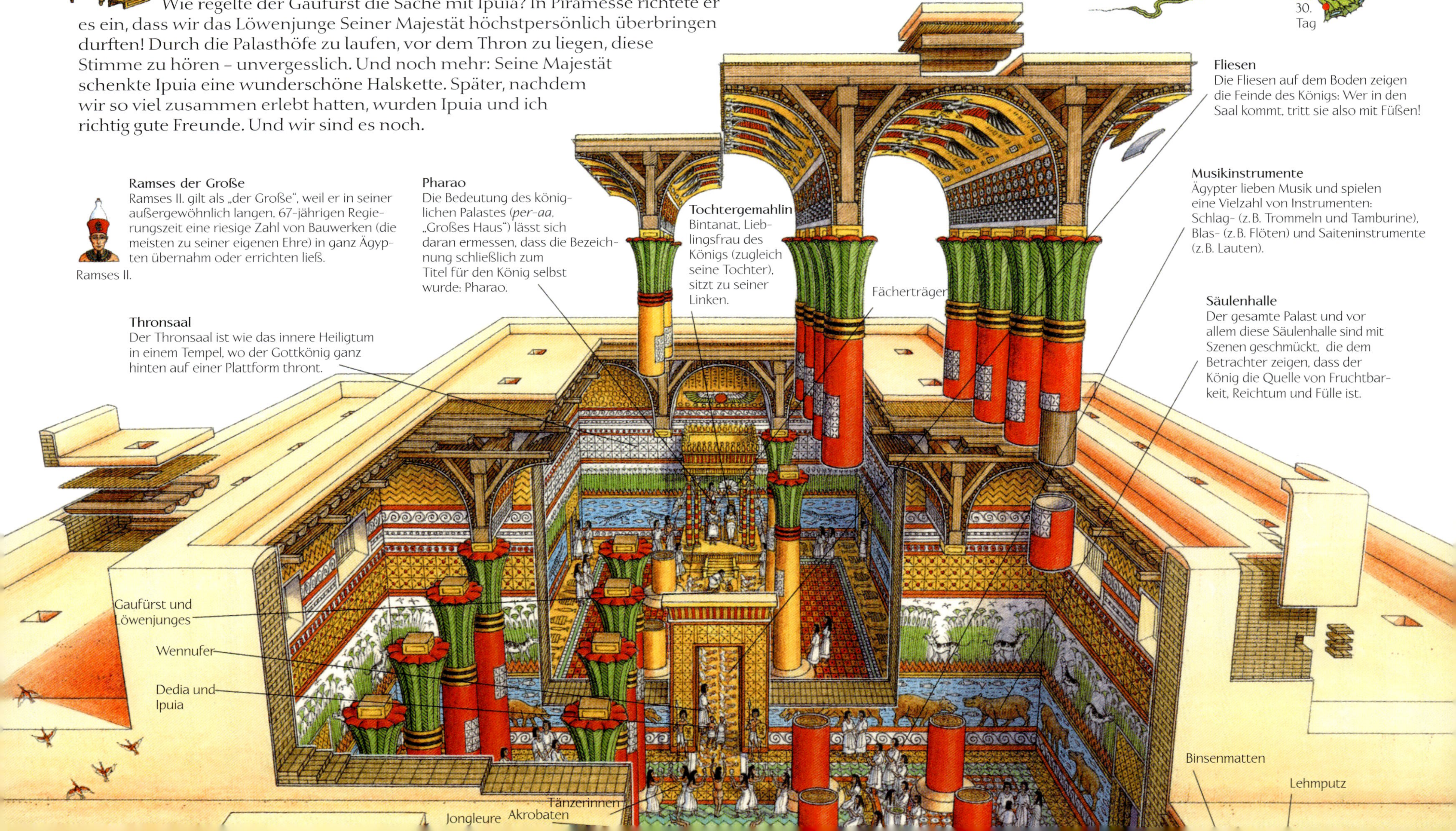

Palastwache
Ramses verfügt über eine riesige, wohl 20 000 Mann starke Armee. Doch nur eine Elite von ihnen darf als seine Leibgarde dienen.

Tribut
Die sogenannten Fremdländer bringen Tribut. Wie andere mächtige Könige verlangt auch Ramses regelmäßige Zahlungen von den unterworfenen Völkern in seinem riesigen Reich.

Unterhaltung
Weil ihre Religion so viel mit Tod und Wiedergeburt zu tun hatte, könnte man meinen, die ägyp-tische Gesellschaft sei ziemlich trübsinnig gewesen. Weit gefehlt! Am königlichen Hof gab es jede Menge Vergnügungen, vom Tanz bis zu Brettspielen, Jonglieren und Büchersammlungen.

Königliche Menagerie
Ramses war berühmt für seine Sammlung wilder Tiere (Menagerie) – in der es tatsächlich ein Löwenjunges gab!

Hofstaat
Der königliche Hof war wie ein kleines Dorf. Dort lebten die königliche Familie, Hohepriester, Edelleute, Schreiber, Beamte, Künstler, Wachen und Diener.

Palastteich
Mit seinen Enten, Fischen und Seerosen spiegelt der Teich wider, wie hoch Wasser in diesem trockenen Land geschätzt wird.

Glossar

Amduat: Ein Text, der die nächtliche Reise der Sonne durch die Dat, die dunkle Unterwelt, beschreibt.

Amulett: Ein kleines Schmuckstück mit heiliger oder Zauberkraft, das oft die Form eines heiligen Tieres oder Gegenstandes hatte. Es wurde getragen, um seinen Besitzer zu schützen oder besondere Kräfte zu verleihen.

Hieroglyphen: Das komplizierte Schriftsystem des alten Ägypten kannte drei Arten von Hieroglyphen. Manche zeigten den Gegenstand, für den sie standen, andere repräsentierten Lautwerte oder Vorstellungen. Die heutigen Gelehrten konnten die Hieroglyphen erst nach der Entdeckung (1799) und Entzifferung (1822) des Steins von Rosette lesen.
Der Stein enthielt denselben Text in zwei Sprachen und drei Schriften: Hieroglyphen, Demotisch (eine spätere, vereinfachte Alltagsschrift) und das bekannte Altgriechische.

Jenseits: Die Ägypter glaubten, der Tod sei lediglich ein Übergang vom Leben auf Erden zu dem im Jenseits. Die Vorstellungen darüber reichen von Menschen, die zu Sternen werden, bis zu einem dem irdischen Leben ähnlichen Weiterleben in den fruchtbaren Binsengefilden.

Ka: Die Lebenskraft einer Person – der wesentliche Unterschied zwischen Lebenden und Toten. Solange der Ka ernährt und gehegt wurde, konnte er auch nach dem Tod weiterleben. Wenn dies geschah, schützte und nährte er auch den Körper der Toten.

Kanope: Einer von insgesamt vier speziellen, kostbaren Krügen, die in der Kanopentruhe aufbewahrt wurden. Darin wurden innere Organe (außer Herz und Nieren, die in der Mumie verblieben) konserviert.

Katarakt: Stromschnelle, die man nicht mit Schiffen durchfahren kann.

Mastaba: Ein massiv wirkendes, niedriges Grabmonument mit geböschten Wänden. Einige der frühesten Königsgräber lagen unter diesen Bauten, die an riesige Steinbänke erinnern.

Natron: Eine Natriumverbindung, die in und an den prähistorischen Seen Ägyptens vorkam. Es wurde für vielerlei Reinigungszwecke verwendet; am bekanntesten ist die Trocknung der Leiche bei der Mumifizierung.

Nilflut: Die alljährliche Überschwemmung der Nilufer mit Hochwasser auf dem Weg vom afrikanischen Hochland nach Norden. Die Ägypter maßen diesem scheinbar wundersamen Ereignis, das Leben in eine ansonsten unfruchtbare Wüste brachte, große religiöse Bedeutung bei.

Nilometer: Eine Einrichtung, häufig einfach Stufen, die ins Wasser führten, um den Pegel des Nils zu messen. Es ist nicht klar, warum diese Kenntnis gebraucht wurde, aber sie scheint steuerlichen, religiösen und landwirtschaftlichen Zwecken ge-dient zu haben.

Obelisk: Ein hohes, nadelförmiges Steinmonument in Verbindung mit der Sonnenverehrung. Um seinen Fuß herum waren oft Paviane dargestellt, die für ihre Aufgeregtheit bei Sonnenaufgang bekannt sind.

Papyrus: Ein großes, dichtes Riedgras, das überall am Nil wuchs und vielerlei Verwendung fand: beim Flechten von Körben und Booten sowie bei der Herstellung einer frühen Form von Papier.

Pfortenbuch: Ein Text, der die Toten durch das komplizierte System von Türen und Gängen in der Unterwelt leitet, die zum Raum des Totengerichts führen.

Pharao: Oft ziemlich ungenau für alle ägyptischen Herrscher gebrauchter Begriff. Ursprünglich bezeichnete Pharao den königlichen Palast (*per-aa*, „Großes Haus"). Spätestens Mitte des 2. Jahrtausends v. Chr. wurde er für den Monarchen (männlich wie weiblich) gebraucht, der dieses Haus bewohnte.

Pigment: Natürlicher Farbstoff, der mit Öl oder Wasser vermischt wurde, um Farbe oder Tinte herzustellen.

Pylon: Ein riesiges, reich dekoriertes Tor, das die Säulen des Horizonts symbolisierte, zwischen denen die Sonne jeden Tag aufging. Es besteht aus zwei konischen Türmen, die durch eine niedrigere Brückenkonstruktion verbunden sind.

Pyramidion: Ein einzelner pyramidenförmiger Stein an der Spitze einer Pyramide oder eines Obelisken. Viele waren mit einer dünnen Goldschicht verblendet, die in der Sonne funkelte.

Sarkophag: Ein Behälter, in dem sich ein oder mehrere Särge befanden und so geschützt wurden. Üblicherweise waren Sarkophage aus Stein und mit Reliefs verziert, gelegentlich auch bemalt.

Säulenhain: Eine Halle mit vielen Säulen. Diese symbolisierten die Binsen rund um den Urhügel, aus dem die Erde bei der Schöpfung geformt wurde.

Schaduf: Eine Vorrichtung zum Wasserschöpfen, die seit Jahrtausenden in Gebrauch ist. Das Gefäß an der Spitze des Hebebaums wird durch ein Gewicht am anderen Ende ausbalanciert.

Schreiber: Ein angesehener, professioneller Schriftkundiger, der die schwierigen Hieroglyphen beherrschte.

Schrein: Der Tempel galt den Ägyptern als der Ort, an dem ein Gott tatsächlich zu Hause war. Der Schrein war die innere Kammer, in der die Priester das Götterbild umhegten.

Senet: Ein beliebtes Spiel, bei dem jeder Teilnehmer mit sieben Figuren auf einem Brett mit 30 Feldern zog, die in drei Reihen à zehn Quadraten angeordnet waren. Die Züge wurden per Zufall bestimmt, und die Aufgabe war offenbar, die Figuren über einen gewundenen Weg an verschiedenen Symbolen vorbei ins Ziel zu bringen – vielleicht eine Art anspruchsvolles Leiterspiel.

Serdab: Eine Kammer in einer Mastaba, in der sich eine Ka-Statue des Verstorbenen befand. Die Wände hatten eine oder mehrere kleine Öffnungen, durch die Opfer gereicht wurden und der Ka schlüpfen konnte.

Sphinx: Ein Wesen mit dem Kopf eines Menschen oder irgendeines Tieres und dem Körper eines Löwen. Er stand im Zusammenhang mit der Verehrung des Königs und der Sonne.

Stele: Eine Platte aus Holz oder Stein, die bemalt und beschrieben oder mit Schnitzereien verziert war. Häufig spielten Stelen eine Rolle beim Totenkult.

Totenbuch: Eine Sammlung von bis zu 190 Beschwörungen, häufig auf Papyrus geschrieben und in den Sarg gelegt, um der oder dem Toten auf dem Weg ins Jenseits behilflich zu sein.

Tribut: Abgabe, die unterworfene Länder zu zahlen hatten. Auf dem Höhepunkt seiner Macht erhielt Ägypten Tribut von Ländern aus dem gesamten Nahen Osten.

Unterwelt: Die als „Dat" bezeichnete Unterwelt war jener dunkle Bereich unter der Erde, durch den die Sonne jede Nacht in einem Schiff fuhr.

Zwei Kronen: Zunächst bestand Ägypten aus zwei Königreichen, Oberägypten (der Süden) mit einer weißen Krone und Unterägypten (der Norden) mit einer roten Krone. Nach der Vereinigung um 3000 v. Chr. konnten die Herrscher diese Kronen auch als Doppelkrone von Ober- und Unterägypten tragen. Ägypten selbst wurde gelegentlich als das „Reich der Zwei Kronen" bezeichnet.

Könige und Königinnen, die im Buch vorkommen

Djoser (2667–2648 v. Chr.) war jener König, für den die Stufenpyramide in Sakkara errichtet wurde.

Cheops (2589–2566 v. Chr.) ließ die große Pyramide von Giseh bauen.

Chephren (2558–2532 v. Chr.), dessen Züge der große Sphinx von Giseh wohl trägt, war der Sohn von Cheops.

Unas (2375–2345 v. Chr.) wurde in der Nähe der Stufenpyramide in Sakkara beerdigt.

Thutmosis III. (1479–1425 v. Chr.), ein erfolgreicher Feldherr-König, wurde im Tal der Könige begraben.

Hatschepsut (1473–1458 v. Chr.) war wohl die erfolgreichste aller Herrscherinnen auf dem Pharaonenthron.

Ramses II. (1279–1213 v. Chr.) herrschte viele Jahre und errichtete oder übernahm zahllose Bauwerke und verdiente sich so den Titel „der Große".

Bintanat (um 1213 v. Chr. gestorben) war die älteste Tochter von Ramses II. und wurde später dessen Große Königsgemahlin.

Gottheiten, die im Buch vorkommen

Amun-Re: Amun, dessen Name wohl „der Verborgene" bedeutete, war ein wichtiger Gott im Gebiet von Theben und wurde zum „König der Götter". Er wurde gelegentlich mit einem Widderkopf dargestellt und meist mit einem weiteren wichtigen und machtvollen Gott, dem Sonnengott Re, in Verbindung gebracht.

Anubis: Der schakal- oder hundsköpfige Anubis war der Gott der Toten und Wächter der Friedhöfe. Er spielte eine wesentliche Rolle bei der Mumifizierung, und seine schwarze Farbe sollte an die fruchtbare Erde am Nilufer erinnern.

Atum: Ein alter Schöpfergott, der auch als Sonnengott verehrt wurde. Auch er wurde, wie Amun, in enge Verbindung mit dem Sonnengott Re gebracht.

Chnum: Der Widdergott von Elephantine stand in Verbindung zur Nilflut, der Schöpfung und der Töpferei.

Geb: Ein grün dargestellter Erdgott, der – wie Osiris – für das Wachstum der Pflanzen zuständig war.

Horus: Der uralte Falkengott Horus war ein Gott des Himmels und einer der Schutzgötter der ägyptischen Herrscher. Mehr noch, er war die Verkörperung des Königtums selbst. Seine Eltern waren das berühmte göttliche Liebespaar, die Geschwister Isis und Osiris.

Month: Der ebenfalls falkenköpfige Gott Month war der Gott des Krieges.

Mut: Sie war die Gemahlin von Amun und heilige Mutter des jeweiligen Herrschers. Als eine der Sonnentöchter wurde sie in leuchtenden Farben und einem Geierkopfschmuck dargestellt.

Nut: Nut war die Himmelsgöttin, deren Körper sich wie der Himmel über die Erde wölbte. Sie ver-schluckte jeden Abend die untergehende Sonne und gebar sie jeden Morgen aufs Neue. Sie war Frau und Schwester des Erdgotts Geb.

Osiris: Einer der ältesten und bedeutendsten ägyptischen Götter, der meist als königliche Mumie dargestellt wurde. Osiris wurde mit Tod, Wiedergeburt und Fruchtbarkeit in Verbindung gebracht und in Grün (Vegetation) oder Schwarz (Erde) dargestellt. Als Bruder und Gemahl von Isis zeugte er mit ihr den Falkengott Horus.

Register

ROM

Ein Spaziergang durch die ewige Stadt

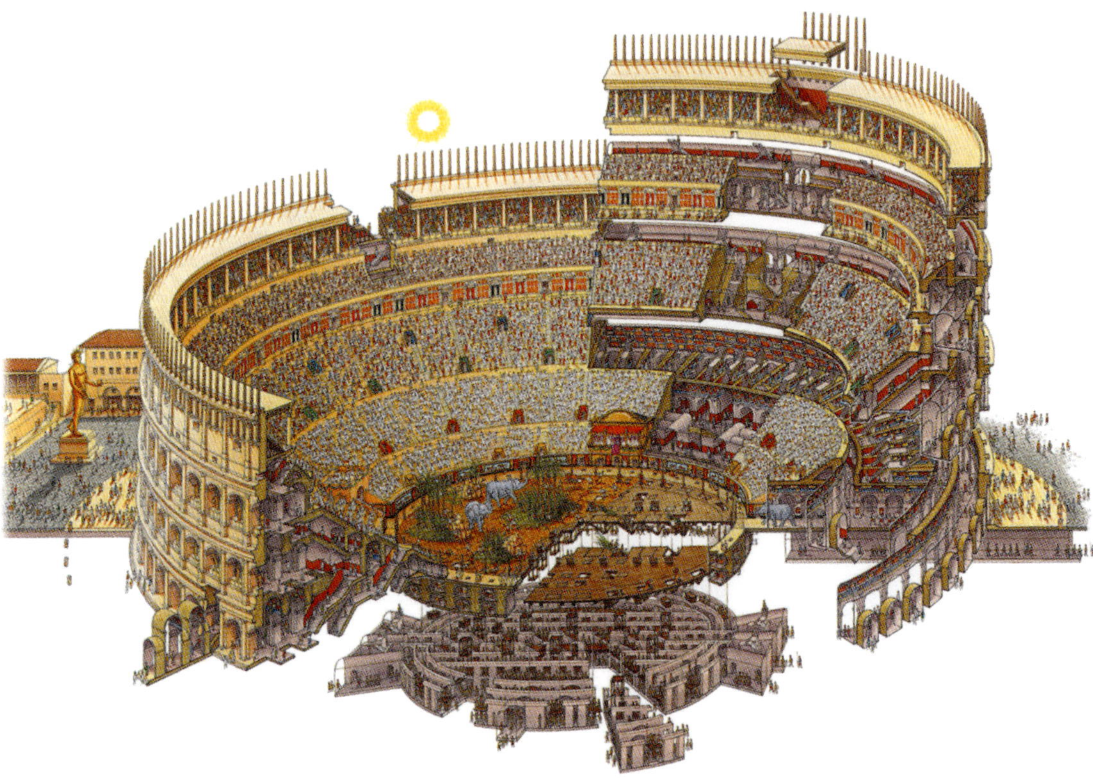

Titus Cotta und Marcus Cotta Maximus

Titus Cotta ist der Sohn des bedeutenden römischen Senators Marcus Cotta Maximus. Sie leben in einem vornehmen Haus auf dem Viminal-Hügel, unweit des Zentrums von Rom. Titus geht nicht in die Schule, er wird von einem Hauslehrer unterrichtet, seinem Tutor. Doch heute ist ein Festtag und er hat keinen Unterricht. Titus und sein Vater haben einen ausgefüllten Tag vor sich...

Inhalt

Rom im Jahr 128

Das ist Rom im Jahr 128. Rom ist die größte Stadt der antiken Welt, über eine Million Menschen leben hier. Und es ist das Zentrum eines riesigen Reiches, das sich von Ägypten bis nach Britannien erstreckt. Heute ist der Festtag zu Ehren der Zwillingsgötter Castor und Pollux. Am Morgen findet eine Prozession statt, die Leute stehen also früh auf. Auch Titus Cotta Maximus. Sein Vater Marcus hat ihm versprochen, ihn ins Kolosseum und zum Wagenrennen mitzunehmen.

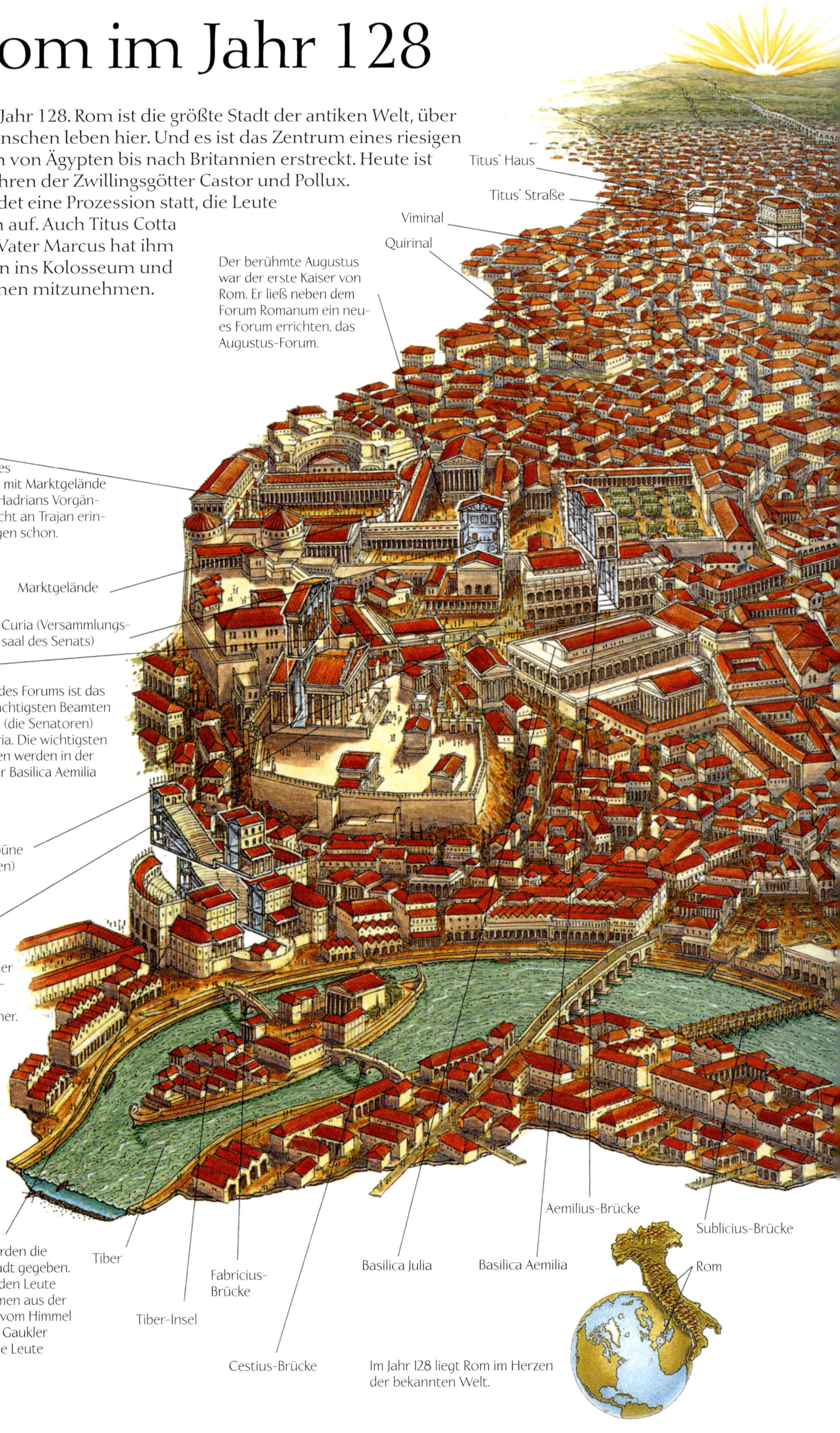

Römische Zeitmessung

Die Römer teilten die Tagesstunden in zwölf gleiche Teile. Dadurch waren im Sommer, wenn die Tage länger sind, auch die Stunden sehr viel länger als im Winter. Die Römer maßen die Zeit mit Sonnenuhren.

Sonnenuhr

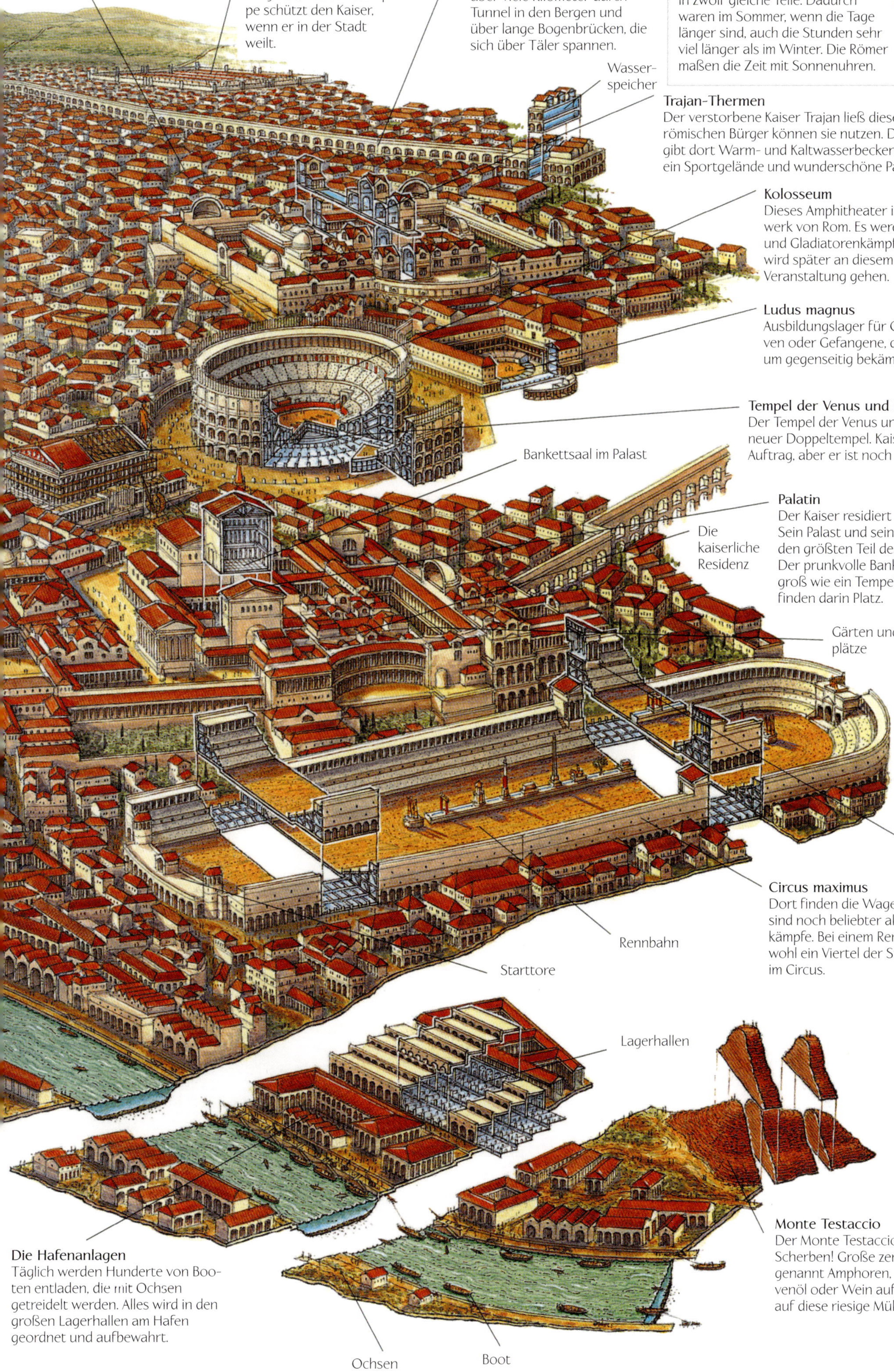

Prätorianerkaserne
Die Kaserne der Prätorianergarde; diese Elitetruppe schützt den Kaiser, wenn er in der Stadt weilt.

Aquädukt
Durch zehn große Aquädukte fließt Wasser aus den Flüssen im nahen Hügelland nach Rom. Die Aquädukte verlaufen über viele Kilometer durch Tunnel in den Bergen und über lange Bogenbrücken, die sich über Täler spannen.

Trajan-Thermen
Der verstorbene Kaiser Trajan ließ diese Bäder errichten, alle römischen Bürger können sie nutzen. Der Eintritt ist billig. Es gibt dort Warm- und Kaltwasserbecken, ein Schwimmbecken, ein Sportgelände und wunderschöne Parkanlagen.

Kolosseum
Dieses Amphitheater ist das größte Bauwerk von Rom. Es werden dort Tierhetzen und Gladiatorenkämpfe veranstaltet. Titus wird später an diesem Morgen zu einer Veranstaltung gehen.

Ludus magnus
Ausbildungslager für Gladiatoren – Sklaven oder Gefangene, die sich im Kolosseum gegenseitig bekämpfen.

Tempel der Venus und Roma
Der Tempel der Venus und Roma ist ein brandneuer Doppeltempel. Kaiser Hadrian gab ihn in Auftrag, aber er ist noch nicht fertiggestellt.

Palatin
Der Kaiser residiert auf dem Palatin. Sein Palast und seine Gärten nehmen den größten Teil des Hügels ein. Der prunkvolle Bankettsaal ist so groß wie ein Tempel; tausend Gäste finden darin Platz.

Circus maximus
Dort finden die Wagenrennen statt; sie sind noch beliebter als die Gladiatorenkämpfe. Bei einem Rennen trifft sich wohl ein Viertel der Stadtbevölkerung im Circus.

Die Hafenanlagen
Täglich werden Hunderte von Booten entladen, die mit Ochsen getreidelt werden. Alles wird in den großen Lagerhallen am Hafen geordnet und aufbewahrt.

Monte Testaccio
Der Monte Testaccio ist ein Berg aus Scherben! Große zerschlagene Krüge, genannt Amphoren, in denen man Olivenöl oder Wein aufbewahrte, werden auf diese riesige Müllhalde geworfen.

Titus' Haus

Gerade erst ist es hell geworden, aber in Titus' Haus herrscht schon reges Treiben. Heute ist ein Festtag, Titus und sein Vater werden den ganzen Tag außer Haus sein; sie wollen den Jupiter-Tempel besuchen sowie die Spiele und das Rennen verfolgen. Titus' Mutter und seine kleine Schwester bleiben zu Hause. Am Abend gibt die Familie ein großes Fest.

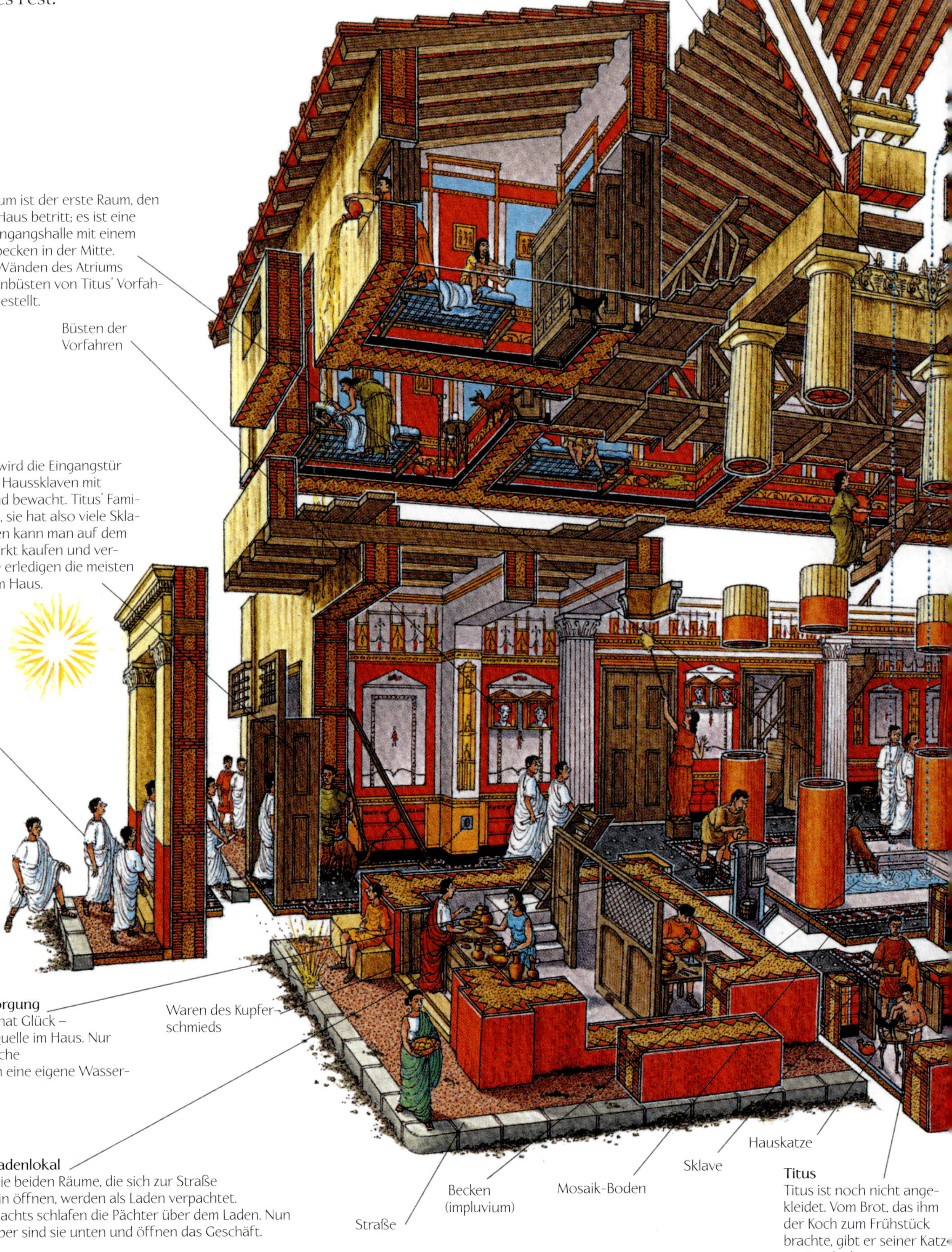

Atrium
Das Atrium ist der erste Raum, den man im Haus betritt; es ist eine große Eingangshalle mit einem Wasserbecken in der Mitte. An den Wänden des Atriums sind Steinbüsten von Titus' Vorfahren aufgestellt.

Eingang
Bei Nacht wird die Eingangstür von einem Haussklaven mit einem Hund bewacht. Titus' Familie ist reich, sie hat also viele Sklaven. Sklaven kann man auf dem Sklavenmarkt kaufen und verkaufen. Sie erledigen die meisten Arbeiten im Haus.

Wasserversorgung
Titus' Familie hat Glück – sie hat eine Quelle im Haus. Nur wenige römische Häuser haben eine eigene Wasserversorgung.

Ladenlokal
Die beiden Räume, die sich zur Straße hin öffnen, werden als Laden verpachtet. Nachts schlafen die Pächter über dem Laden. Nun aber sind sie unten und öffnen das Geschäft.

Titus
Titus ist noch nicht angekleidet. Vom Brot, das ihm der Koch zum Frühstück brachte, gibt er seiner Katze ein Stück ab.

Familie und Haushalt

In Titus' Haus wohnen viele Leute. Neben seinen Eltern und Geschwistern leben dort auch seine Großmutter Cornelia und seine Tante Maria (momentan sind sie in der Villa – dem Landhaus – der Familie). Sie haben zwanzig Sklaven und Diener. Chilo, der Koch, ist der wertvollste Sklave des Hauses. Seine Kochkünste sind in ganz Rom berühmt.

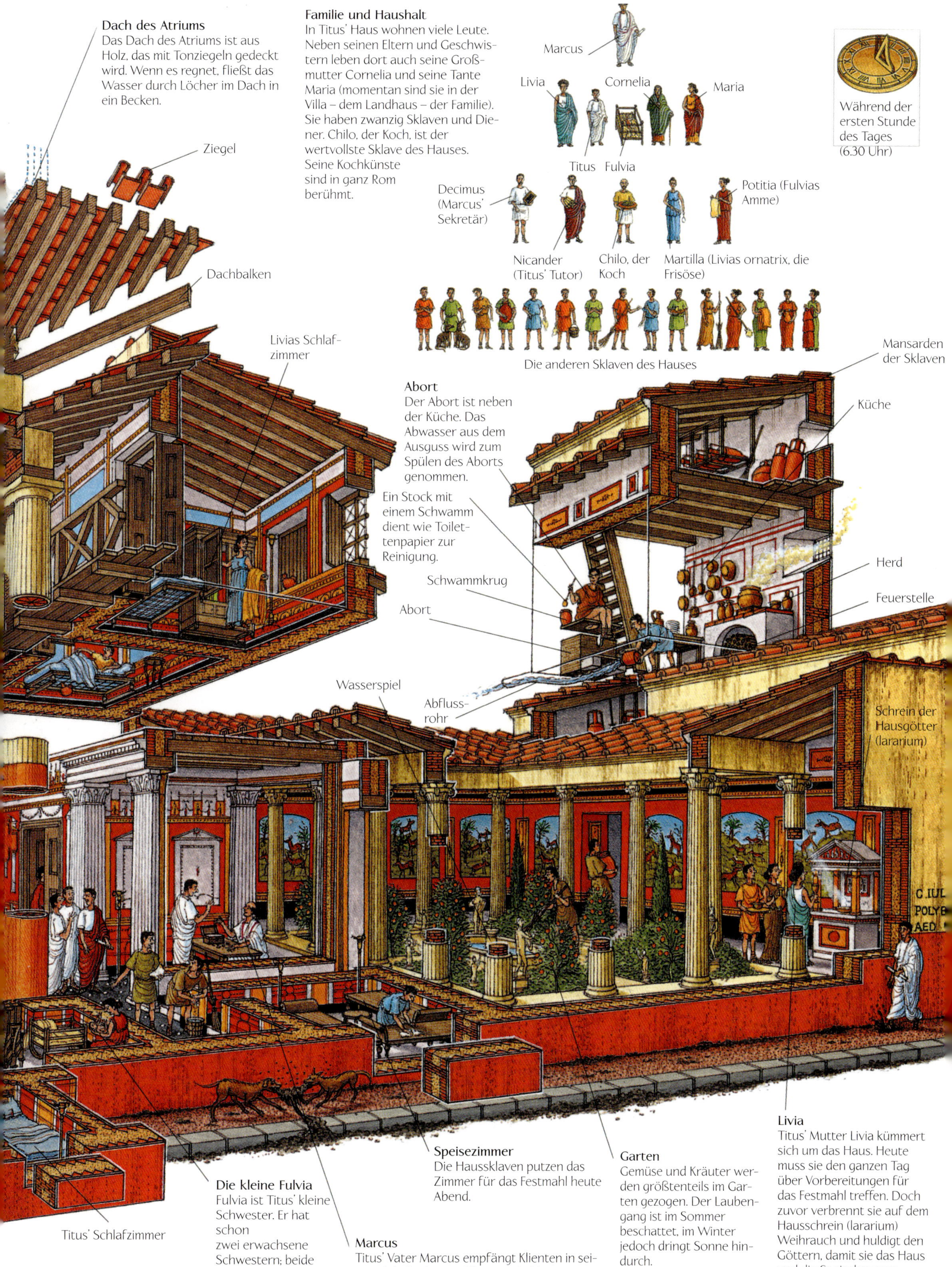

Dach des Atriums

Das Dach des Atriums ist aus Holz, das mit Tonziegeln gedeckt wird. Wenn es regnet, fließt das Wasser durch Löcher im Dach in ein Becken.

Abort

Der Abort ist neben der Küche. Das Abwasser aus dem Ausguss wird zum Spülen des Aborts genommen.

Die kleine Fulvia

Fulvia ist Titus' kleine Schwester. Er hat schon zwei erwachsene Schwestern; beide sind verheiratet und wohnen nicht mehr zu Hause.

Speisezimmer

Die Haussklaven putzen das Zimmer für das Festmahl heute Abend.

Marcus

Titus' Vater Marcus empfängt Klienten in seinem Arbeitszimmer. Klienten sind Leute, denen es weniger gut geht als ihm selbst. Er hilft ihnen aus, manchmal findet er auch Arbeit für sie. Im Gegenzug unterstützen sie ihn, wenn Wahlen stattfinden.

Garten

Gemüse und Kräuter werden größtenteils im Garten gezogen. Der Laubengang ist im Sommer beschattet, im Winter jedoch dringt Sonne hindurch.

Livia

Titus' Mutter Livia kümmert sich um das Haus. Heute muss sie den ganzen Tag über Vorbereitungen für das Festmahl treffen. Doch zuvor verbrennt sie auf dem Hausschrein (lararium) Weihrauch und huldigt den Göttern, damit sie das Haus und die Speisekammer beschützen.

Auf der Straße

Titus und sein Vater machen sich auf den Weg zum Jupiter-Tempel. Sie gehen erst in eine Bäckerei in der Nachbarschaft und unterhalten sich mit Hermes, dem Bäcker. Titus isst eine Pizza, während Marcus und Hermes Geschäftliches besprechen. Hermes ist ein freigelassener Sklave. Früher war er Koch in Titus' Haus, dann hat er sich bei Marcus freigekauft.

Während der zweiten Stunde des Tages (7 Uhr)

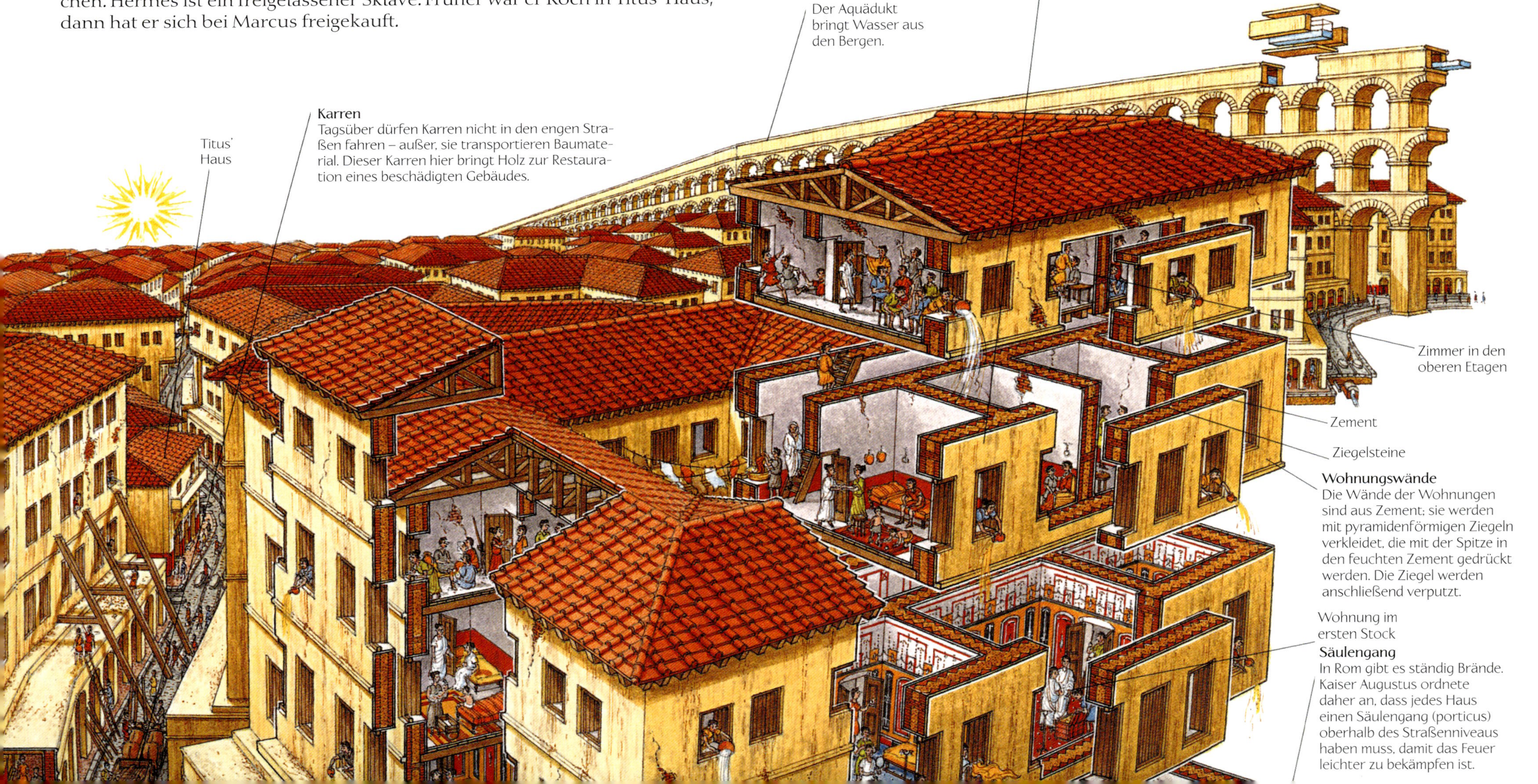

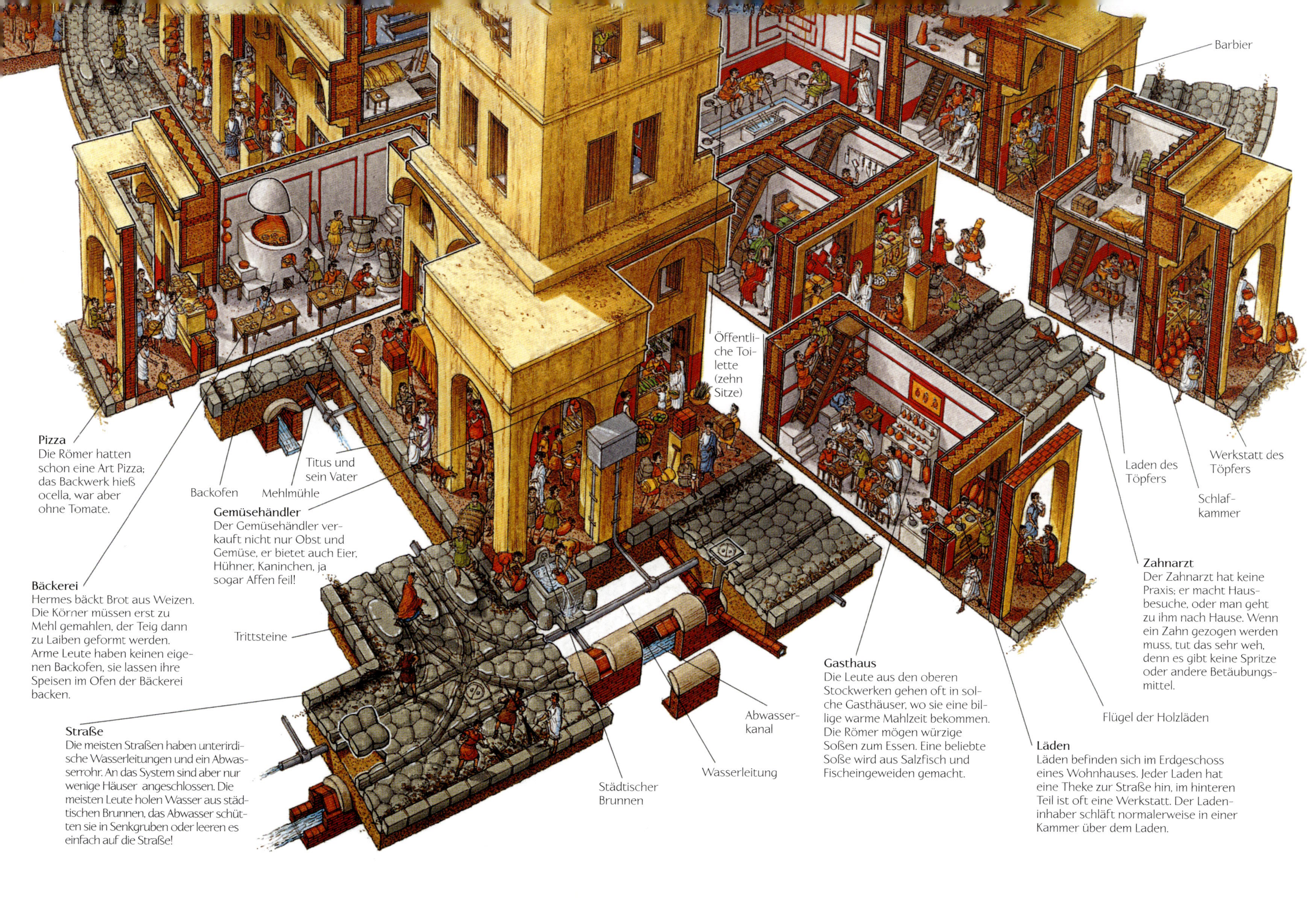
Barbier
Öffentliche Toilette (zehn Sitze)
Werkstatt des Töpfers
Laden des Töpfers
Schlafkammer
Pizza
Die Römer hatten schon eine Art Pizza; das Backwerk hieß ocella, war aber ohne Tomate.
Backofen
Mehlmühle
Titus und sein Vater
Gemüsehändler
Der Gemüsehändler verkauft nicht nur Obst und Gemüse, er bietet auch Eier, Hühner, Kaninchen, ja sogar Affen feil!
Bäckerei
Hermes bäckt Brot aus Weizen. Die Körner müssen erst zu Mehl gemahlen, der Teig dann zu Laiben geformt werden. Arme Leute haben keinen eigenen Backofen, sie lassen ihre Speisen im Ofen der Bäckerei backen.
Trittsteine
Straße
Die meisten Straßen haben unterirdische Wasserleitungen und ein Abwasserrohr. An das System sind aber nur wenige Häuser angeschlossen. Die meisten Leute holen Wasser aus städtischen Brunnen, das Abwasser schütten sie in Senkgruben oder leeren es einfach auf die Straße!
Städtischer Brunnen
Wasserleitung
Abwasserkanal
Gasthaus
Die Leute aus den oberen Stockwerken gehen oft in solche Gasthäuser, wo sie eine billige warme Mahlzeit bekommen. Die Römer mögen würzige Soßen zum Essen. Eine beliebte Soße wird aus Salzfisch und Fischeingeweiden gemacht.
Zahnarzt
Der Zahnarzt hat keine Praxis; er macht Hausbesuche, oder man geht zu ihm nach Hause. Wenn ein Zahn gezogen werden muss, tut das sehr weh, denn es gibt keine Spritze oder andere Betäubungsmittel.
Flügel der Holzläden
Läden
Läden befinden sich im Erdgeschoss eines Wohnhauses. Jeder Laden hat eine Theke zur Straße hin, im hinteren Teil ist oft eine Werkstatt. Der Ladeninhaber schläft normalerweise in einer Kammer über dem Laden.

Der Jupiter-Tempel

Während des Jahres gibt es viele Festtage, doch Titus gefällt der Tag zu Ehren von Castor und Pollux am besten. Die beiden sind die Schutzpatrone der Reiter, und so nehmen Hunderte von Berittenen an der Prozession teil. Titus sieht sie gerne auf ihren schönen Pferden. Sie tragen ihre schönste Rüstung; ihre glänzenden bronzenen Helme und Brustpanzer funkeln in der Sonne. Titus und sein Vater bewundern erst die Reiterei, dann schließen sie sich der Prozession an.

Die Legende von Castor und Pollux
Vor vielen hundert Jahren schlugen die Römer am See Regillus, südöstlich von Rom, eine Schlacht gegen feindliche Truppen. Es stand schlecht für die Römer, bis zwei strahlende junge Männer auf Schimmeln erschienen und sie zum Sieg führten. Später am selben Tag sah man die Männer ihre erschöpften Pferde am Brunnen des Forums tränken. Sie erzählten den Bürgern vom Sieg am Regillus See, dann verschwanden sie. Der Tempel von Castor und Pollux wurde daraufhin an der Stelle des Brunnens auf dem Forum erbaut.

Während der dritten Stunde des Tages (8.10 Uhr)

Tempel
Der Tempelbau ist sehr schön. Die Säulen sind aus milchweißem Marmor, das Dach und die Türen sind mit Gold überzogen. Innen sind große Gold- und Elfenbeinstatuen der drei Götter Jupiter, Juno und Minerva aufgestellt.

Die Zeremonie
Am Anfang der Zeremonie wirft der Priester Weihrauch in die Altarflamme und verteilt Wein und Kuchen auf dem Altar. Dann spricht er ein Gebet für Castor und Pollux. Nun werden die Tiere geopfert. Ein Beamter betäubt das Tier mit einem Hammer, ein anderer Beamter tötet es. Ein Teil des Fleischs der Opfertiere wird im Altarfeuer verbrannt, den Rest lassen sich die Teilnehmer der Zeremonie schmecken.

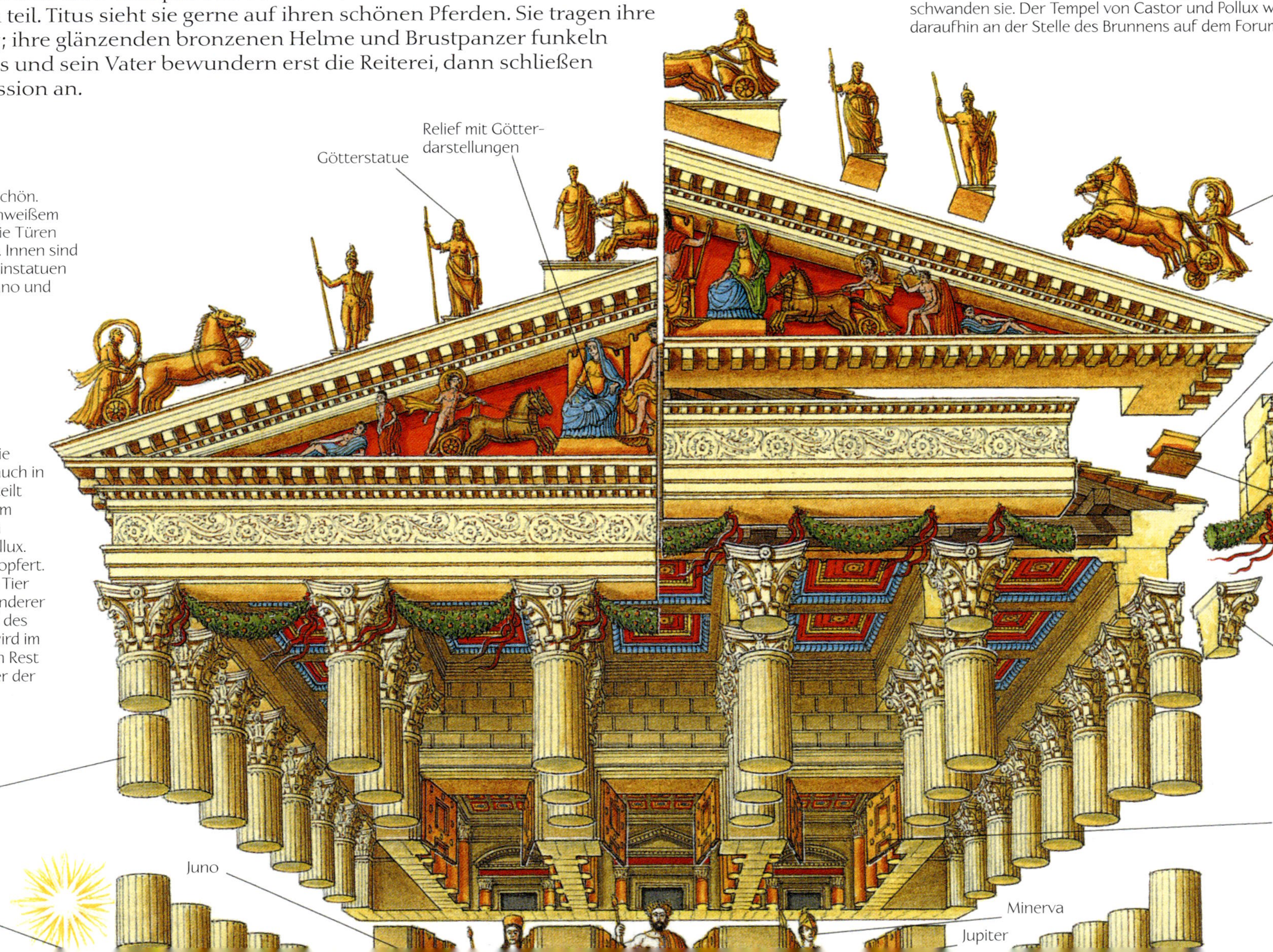

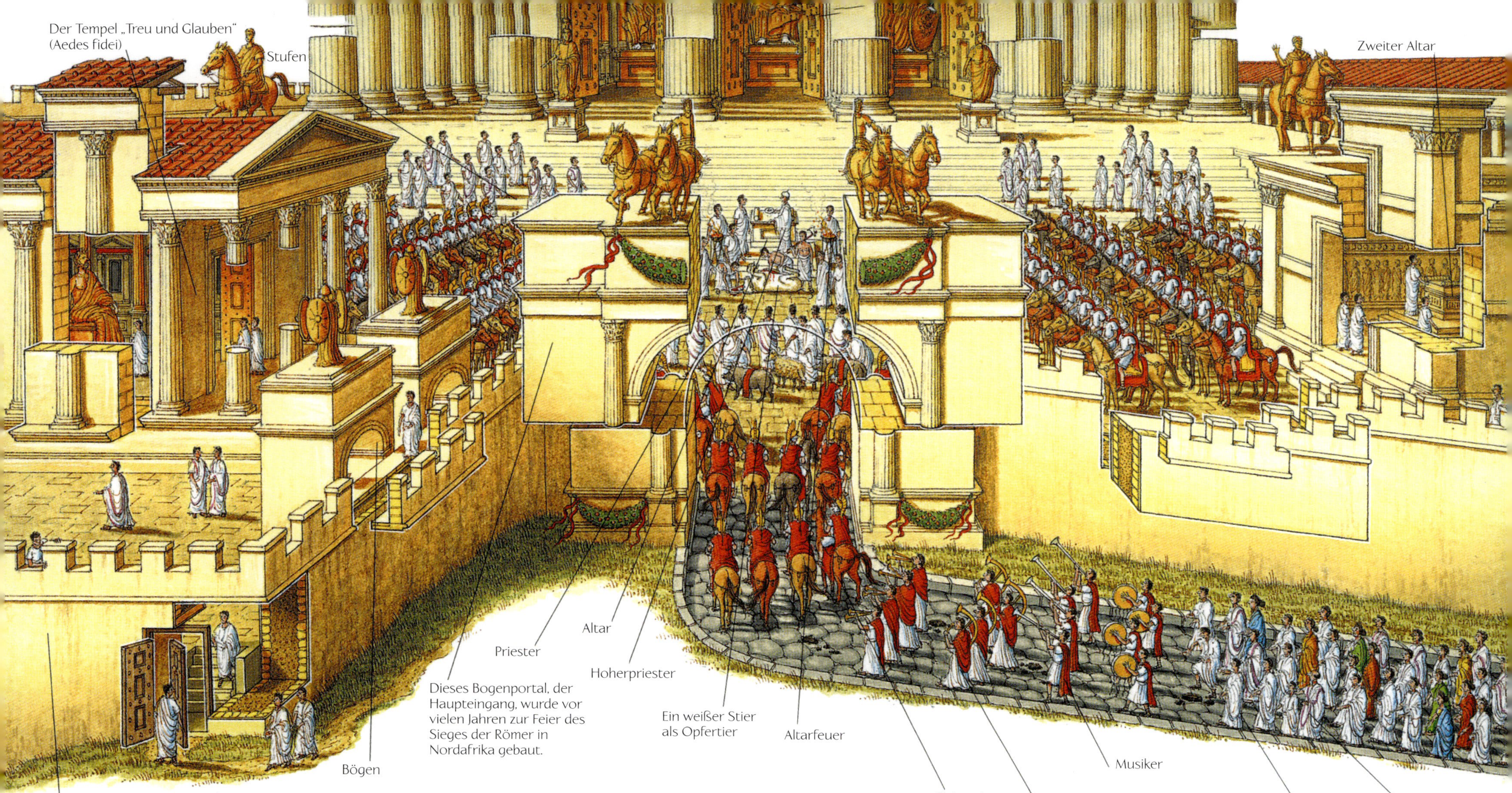

Römische Götter
Die Römer huldigen verschiedenen Göttern. Lokalgötter schützen das Haus oder einen Wasserlauf. Andere Götter herrschen über das Wetter und die Meere und entscheiden über den Ausgang eines Krieges. Wenn man sich etwas wünscht, ist es wichtig, den richtigen Göttern zu opfern.

Jupiter heißt Optimus maximus, der Größte und Beste. Er ist der Himmels- und Wettergott.

Juno ist Jupiters Gemahlin, sie ist die Königin der Götter und die Schutzgöttin der Frauen.

Minerva ist die Göttin der Weisheit und des Krieges. Sie ist auch die Schutzgöttin der Maler, Bildhauer und Schauspieler.

Auch Mars ist ein Kriegsgott. Kein Feldherr zieht in die Schlacht, ohne ihm zu opfern.

Apollo ist Jupiters Sohn. Er ist der Gott der Sonne, des Lichts und der Schönheit.

Venus ist die Göttin der Liebe und der Seefahrt.

Die Prozession
An der Spitze des Zuges gehen Gehilfen, die Opfergaben für Castor und Pollux tragen und die Opfertiere führen. Die Opfergaben sind Eier, Kuchen, Brote sowie Statuetten von Pferden und Göttern. Hinter den Gehilfen schreiten die Priester, es folgen die Berittenen, Musiker, Tänzerinnen und andere Bürger.

Das Forum Romanum

Nach der Prozession eilen Titus und sein Vater zu den Spielen im Kolosseum. Auf ihrem Weg durch das Forum Romanum treffen sie den Senator Antonius. Marcus und Antonius betreiben zusammen ein Geschäft, sie importieren Olivenöl aus Spanien. Antonius berichtet, dass gerade ein Schiff mit einer neuen Ladung Öl angekommen sei. „Ich gehe später zum Hafen und prüfe die Fracht“, sagt Marcus.

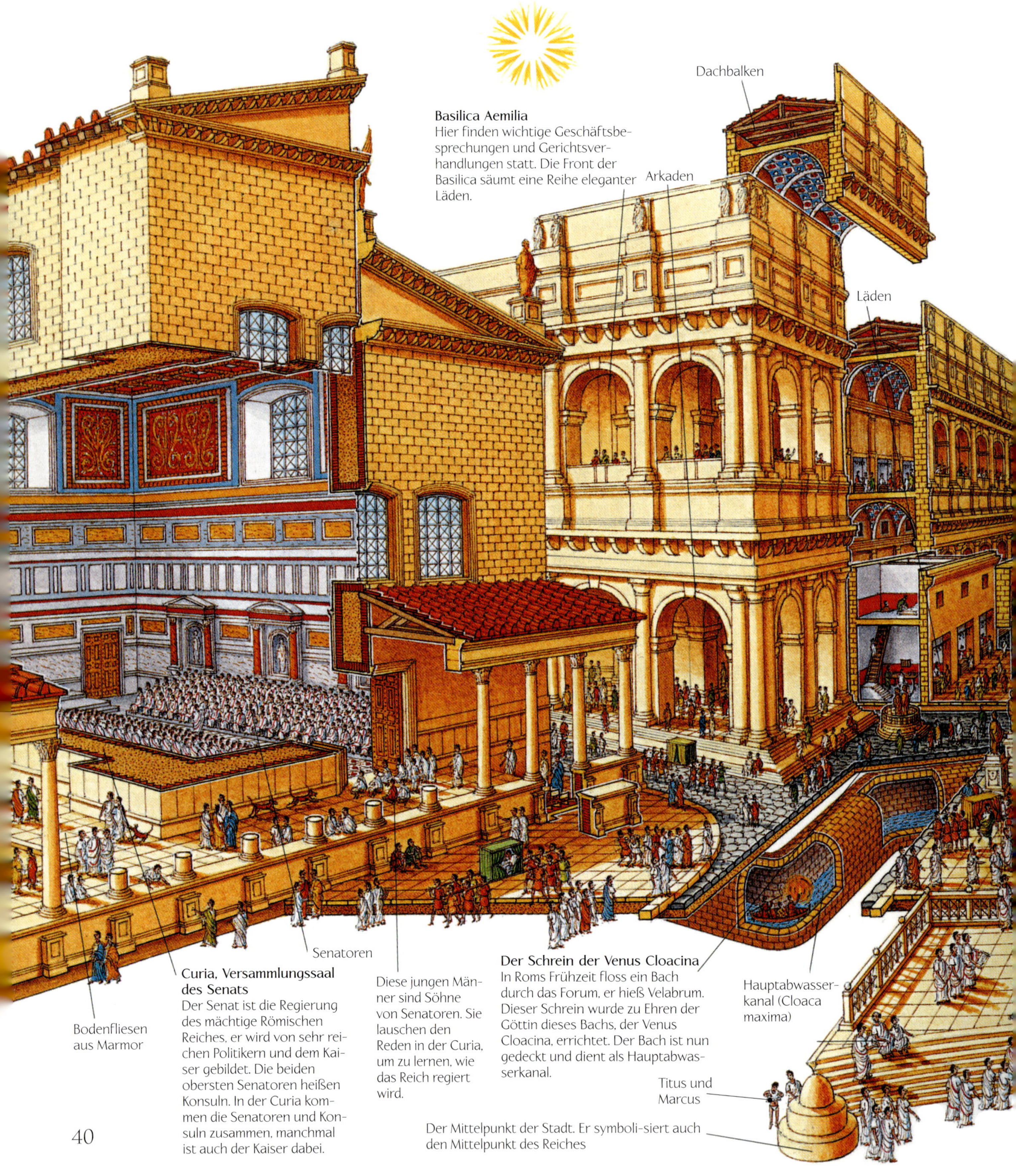

Basilica Aemilia
Hier finden wichtige Geschäftsbesprechungen und Gerichtsverhandlungen statt. Die Front der Basilica säumt eine Reihe eleganter Läden.

Curia, Versammlungssaal des Senats
Der Senat ist die Regierung des mächtige Römischen Reiches, er wird von sehr reichen Politikern und dem Kaiser gebildet. Die beiden obersten Senatoren heißen Konsuln. In der Curia kommen die Senatoren und Konsuln zusammen, manchmal ist auch der Kaiser dabei.

Diese jungen Männer sind Söhne von Senatoren. Sie lauschen den Reden in der Curia, um zu lernen, wie das Reich regiert wird.

Der Schrein der Venus Cloacina
In Roms Frühzeit floss ein Bach durch das Forum, er hieß Velabrum. Dieser Schrein wurde zu Ehren der Göttin dieses Bachs, der Venus Cloacina, errichtet. Der Bach ist nun gedeckt und dient als Hauptabwasserkanal.

Der Mittelpunkt der Stadt. Er symboli-siert auch den Mittelpunkt des Reiches

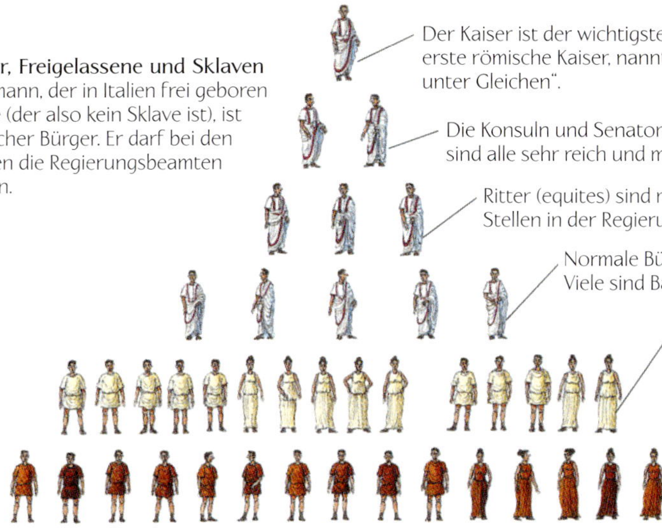

Bürger, Freigelassene und Sklaven
Jedermann, der in Italien frei geboren wurde (der also kein Sklave ist), ist römischer Bürger. Er darf bei den Wahlen die Regierungsbeamten wählen.

Der Kaiser ist der wichtigste Bürger. Augustus, der erste römische Kaiser, nannte sich selbst „Erster unter Gleichen".

Die Konsuln und Senatoren bilden die nächste Rangstufe. Sie sind alle sehr reich und mächtig.

Ritter (equites) sind reiche Bürger; sie bekleiden bedeutende Stellen in der Regierung und in der Armee.

Normale Bürger sind sehr viel ärmer als Senatoren oder Equites. Viele sind Bauern oder Ladenbesitzer.

Freigelassene Sklaven und Sklavinnen. Auch sie betreiben oft Läden.

Sklaven sind hauptsächlich Kriegsgefangene, die gekauft und verkauft werden. Sie müssen oft Schwerstarbeit verrichten, etwa in den Minen. Einige wenige Sklaven, die Talent zum Beispiel zum Schauspieler oder Koch hatten, wurden reich und berühmt.

Während der vierten Stunde des Tages (10.15 Uhr)

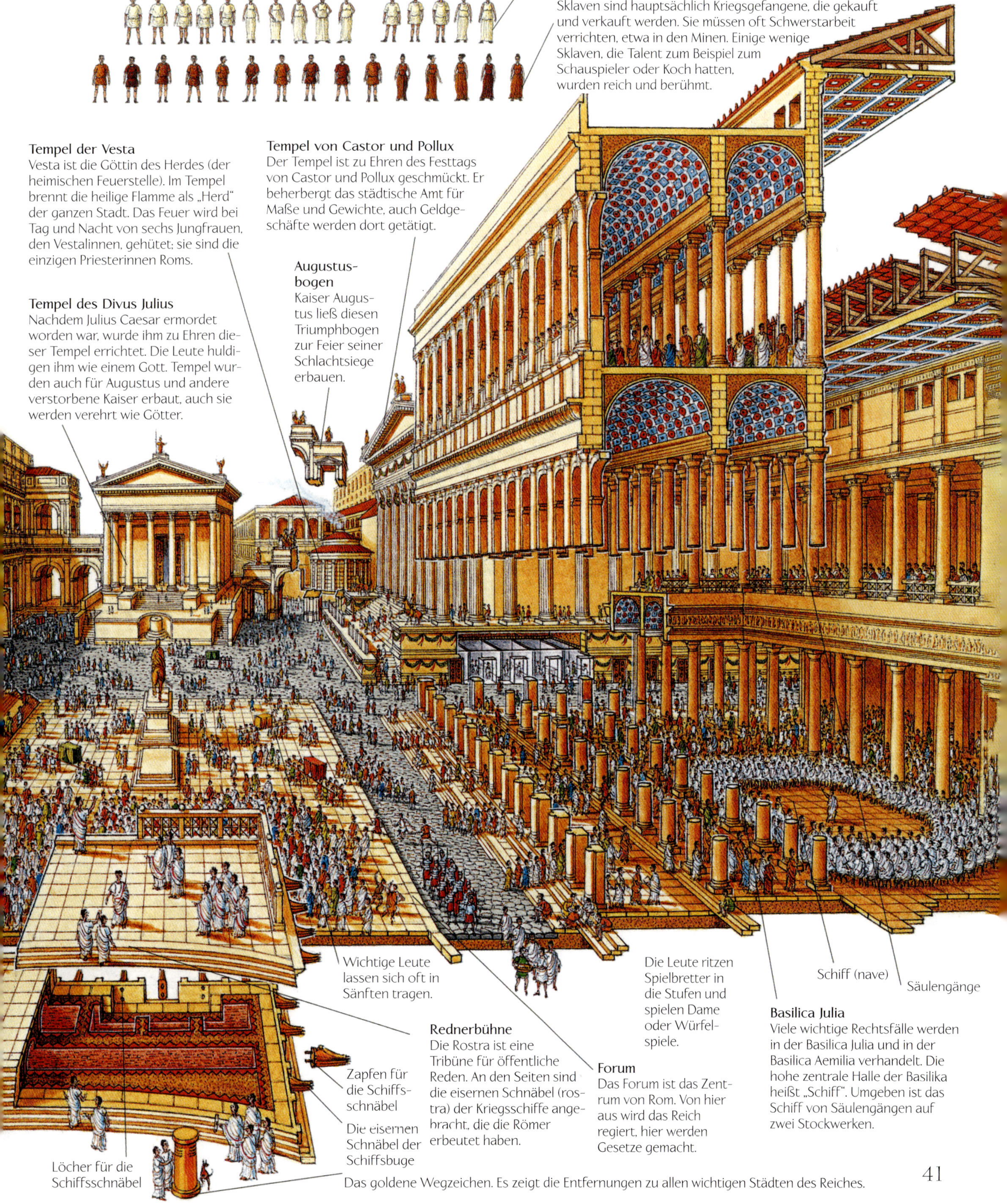

Tempel der Vesta
Vesta ist die Göttin des Herdes (der heimischen Feuerstelle). Im Tempel brennt die heilige Flamme als „Herd" der ganzen Stadt. Das Feuer wird bei Tag und Nacht von sechs Jungfrauen, den Vestalinnen, gehütet; sie sind die einzigen Priesterinnen Roms.

Tempel von Castor und Pollux
Der Tempel ist zu Ehren des Festtags von Castor und Pollux geschmückt. Er beherbergt das städtische Amt für Maße und Gewichte, auch Geldgeschäfte werden dort getätigt.

Augustusbogen
Kaiser Augustus ließ diesen Triumphbogen zur Feier seiner Schlachtsiege erbauen.

Tempel des Divus Julius
Nachdem Julius Caesar ermordet worden war, wurde ihm zu Ehren dieser Tempel errichtet. Die Leute huldigen ihm wie einem Gott. Tempel wurden auch für Augustus und andere verstorbene Kaiser erbaut, auch sie werden verehrt wie Götter.

Wichtige Leute lassen sich oft in Sänften tragen.

Die Leute ritzen Spielbretter in die Stufen und spielen Dame oder Würfelspiele.

Schiff (nave)

Säulengänge

Rednerbühne
Die Rostra ist eine Tribüne für öffentliche Reden. An den Seiten sind die eisernen Schnäbel (rostra) der Kriegsschiffe angebracht, die die Römer erbeutet haben.

Forum
Das Forum ist das Zentrum von Rom. Von hier aus wird das Reich regiert, hier werden Gesetze gemacht.

Basilica Julia
Viele wichtige Rechtsfälle werden in der Basilica Julia und in der Basilica Aemilia verhandelt. Die hohe zentrale Halle der Basilika heißt „Schiff". Umgeben ist das Schiff von Säulengängen auf zwei Stockwerken.

Zapfen für die Schiffsschnäbel

Die eisernen Schnäbel der Schiffsbuge

Löcher für die Schiffsschnäbel

Das goldene Wegzeichen. Es zeigt die Entfernungen zu allen wichtigen Städten des Reiches.

Das Kolosseum

Titus war noch nie im Kolosseum und freut sich mächtig auf die Spiele! Es ist noch früh, aber im Amphitheater haben sich schon Tausende lärmender Leute versammelt. Die Veranstaltung beginnt mit dressierten Elefanten; ein Elefant schreibt mit dem Fuß Buchstaben in den Sand. Dann kommen die „Jäger" mit je einem Speer in der Hand. Fauchende Löwen und Leoparden tauchen aus dem Nichts auf und umringen die Gladiatoren. Die Großkatzen greifen an...

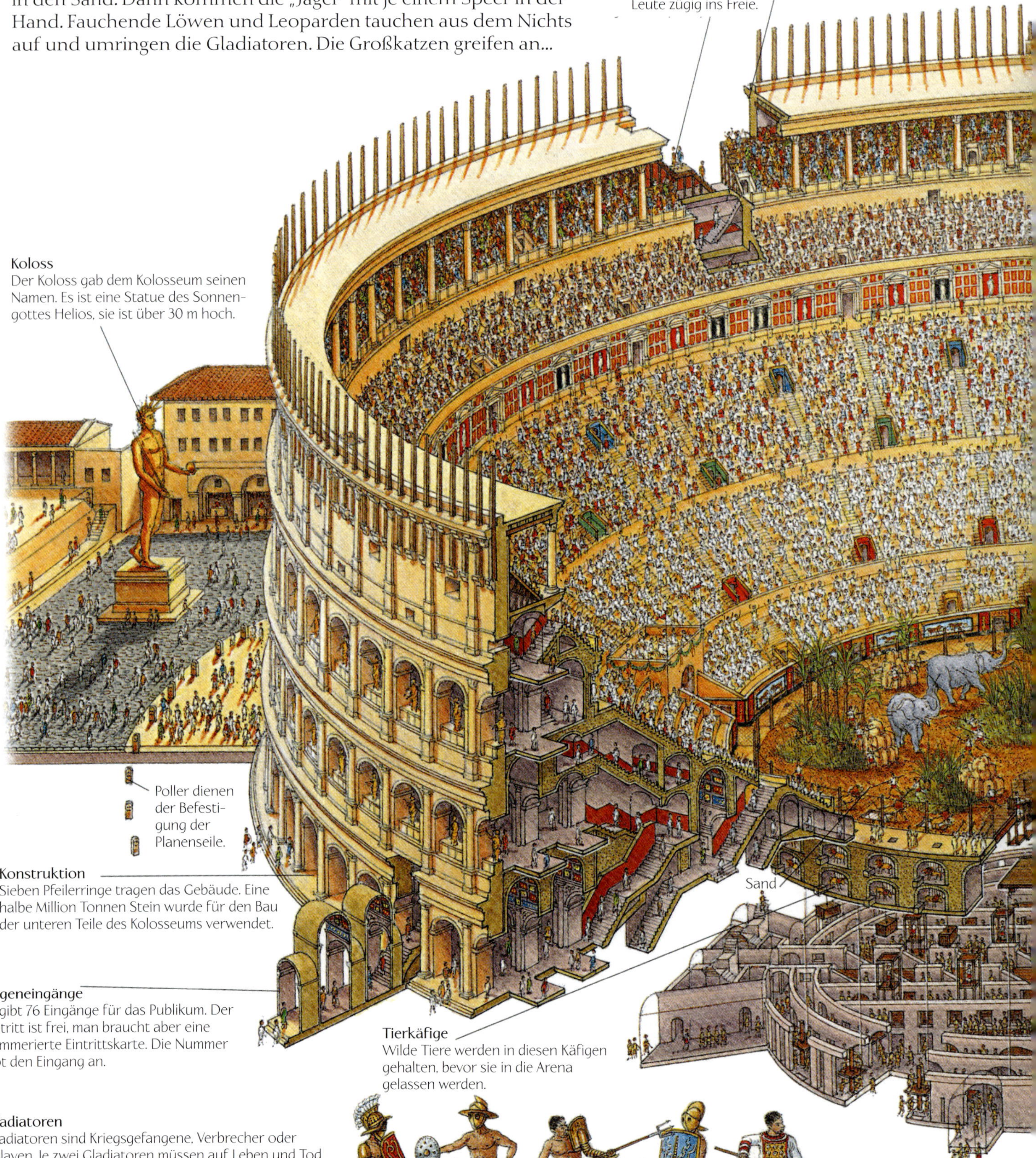

Gladiatoren
Gladiatoren sind Kriegsgefangene, Verbrecher oder Sklaven. Je zwei Gladiatoren müssen auf Leben und Tod kämpfen. Der hoplomachus und der secutor sind gerüstete Kämpfer. Sie tragen einen Helm, haben ein großes Schild und ein gerades Schwert. Der Thraker und der retiarius sind leicht bewaffnet. Am wenigstens Schutz haben die venatores, die „Jäger": sie haben kein Schild und sind nur mit einem Speer bewaffnet.

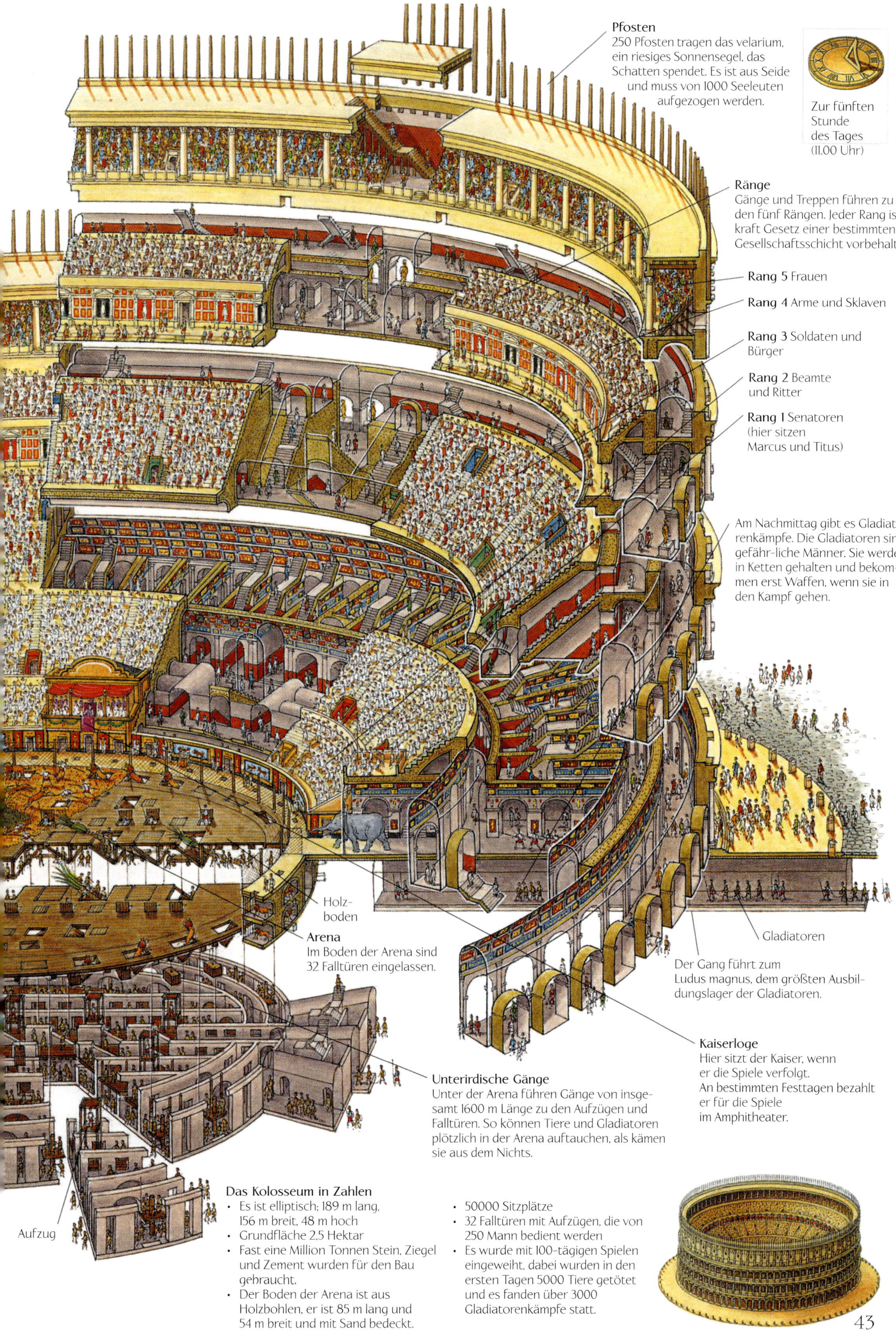

Zur fünften Stunde des Tages (11.00 Uhr)

Das Kolosseum in Zahlen

- Es ist elliptisch: 189 m lang, 156 m breit, 48 m hoch
- Grundfläche 2,5 Hektar
- Fast eine Million Tonnen Stein, Ziegel und Zement wurden für den Bau gebraucht.
- Der Boden der Arena ist aus Holzbohlen, er ist 85 m lang und 54 m breit und mit Sand bedeckt.
- 50000 Sitzplätze
- 32 Falltüren mit Aufzügen, die von 250 Mann bedient werden
- Es wurde mit 100-tägigen Spielen eingeweiht, dabei wurden in den ersten Tagen 5000 Tiere getötet und es fanden über 3000 Gladiatorenkämpfe statt.

Am Hafen

Titus' Vater muss zum Hafen und die Fracht Olivenöl prüfen. Alle Leute im Hafen sind sehr beschäftigt. Die Seile der Kräne knirschen, Ochsen schreien, es riecht nach Wein, Oliven und schwitzenden Leibern. Mürrische Träger brüllen und rempeln alle Leute an, die ihnen in den Weg kommen. Hoppla – einer rennt Titus fast um!
Titus' Vater spricht mit einem Beamten über die Fracht.
Sie werden prüfen, ob das Öl auch gut ist.

Während der siebten Stunde des Tages (14.30 Uhr)

Waren aus aller Welt
Eine Stadt mit mehr als einer Million Einwohner braucht viel zu essen! Täglich bringen Händler viele Tonnen Lebensmittel aus der ganzen bekannten Welt. Weizen, Steinquader und Papyrus aus Ägypten; Wein aus Hellas und Gallien; Wolle, Töpferwaren und Parfüm aus Syrien und Arabien; Holz und Pferde aus Dazien; wilde Tiere aus Mauretanien; Gold, Kupfer, Öl und Wein aus Iberien; Wolle, Zinn und Eisen aus Britannien.

Große Schiffe mit Lebensmitteln und anderen Waren können den Tiber nicht befahren; sie löschen ihre Ladung an der Küste im Hafen von Ostia, dann wird die Fracht auf Boote geladen und mit Ochsengespannen flussaufwärts gezogen (getreidelt).

Monte Testaccio, „Scherbenhügel"
Dieser Hügel ist über 30 Meter hoch – höher als vier Häuser – und besteht ganz aus Scherben! Gebrauchte Amphoren für Olivenöl werden hier weggeworfen, denn sie fangen an zu stinken und werden unbrauchbar. Mauern halten die einzelnen Schichten zusammen, damit der Berg nicht abrutscht. Die Scherben werden mit Kalk zugeschüttet, damit sie nicht stinken.

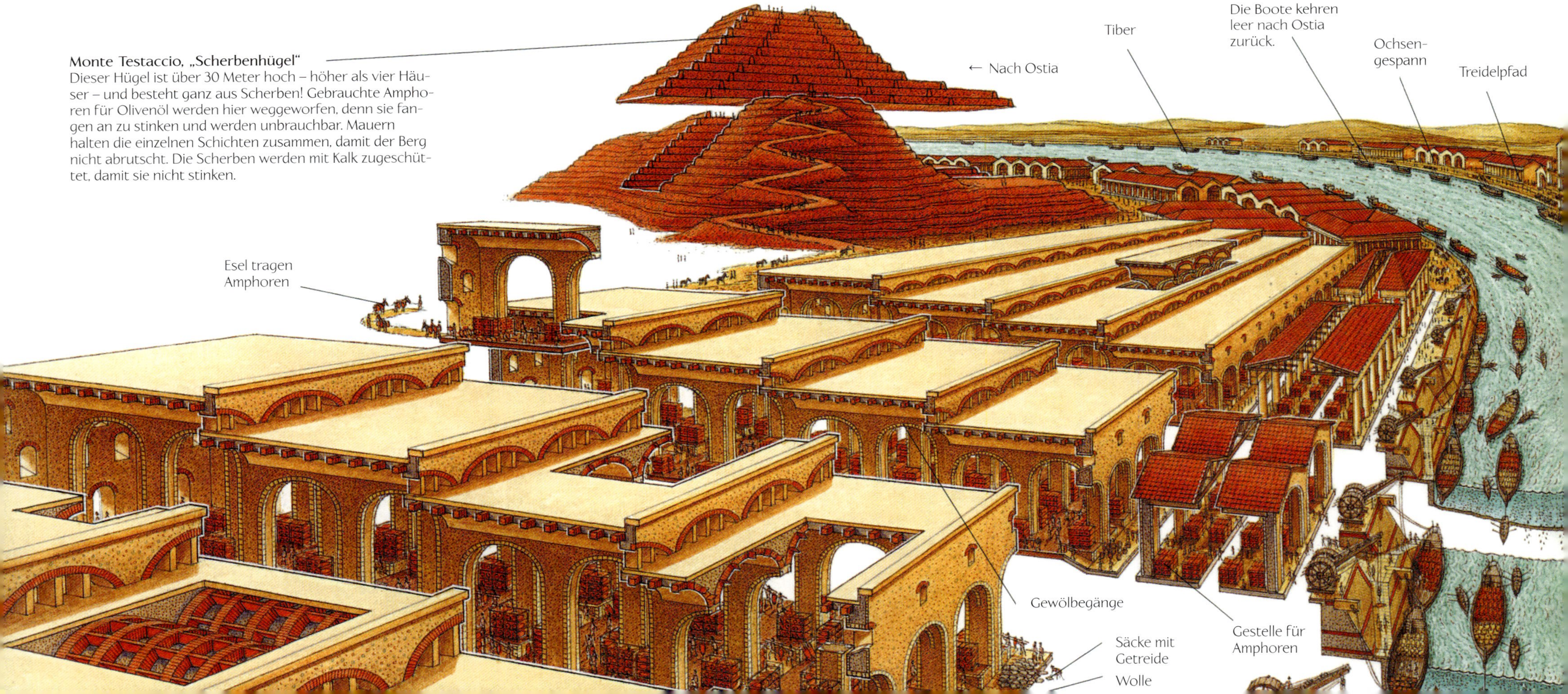

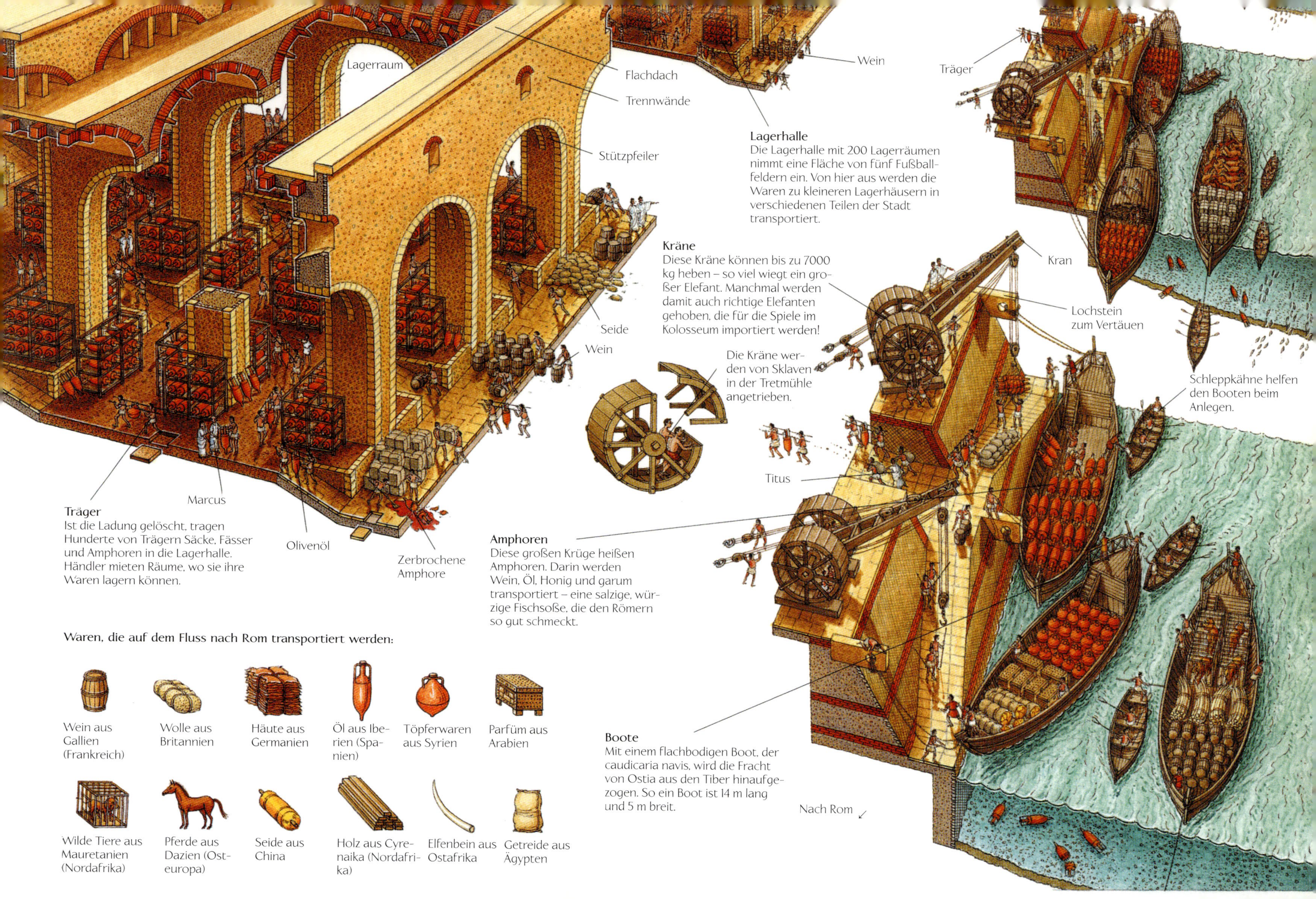

Lagerhalle
Die Lagerhalle mit 200 Lagerräumen nimmt eine Fläche von fünf Fußballfeldern ein. Von hier aus werden die Waren zu kleineren Lagerhäusern in verschiedenen Teilen der Stadt transportiert.

Kräne
Diese Kräne können bis zu 7000 kg heben – so viel wiegt ein großer Elefant. Manchmal werden damit auch richtige Elefanten gehoben, die für die Spiele im Kolosseum importiert werden!

Die Kräne werden von Sklaven in der Tretmühle angetrieben.

Träger
Ist die Ladung gelöscht, tragen Hunderte von Trägern Säcke, Fässer und Amphoren in die Lagerhalle. Händler mieten Räume, wo sie ihre Waren lagern können.

Amphoren
Diese großen Krüge heißen Amphoren. Darin werden Wein, Öl, Honig und garum transportiert – eine salzige, würzige Fischsoße, die den Römern so gut schmeckt.

Boote
Mit einem flachbodigen Boot, der caudicaria navis, wird die Fracht von Ostia aus den Tiber hinaufgezogen. So ein Boot ist 14 m lang und 5 m breit.

Waren, die auf dem Fluss nach Rom transportiert werden:

Wein aus Gallien (Frankreich)
Wolle aus Britannien
Häute aus Germanien
Öl aus Iberien (Spanien)
Töpferwaren aus Syrien
Parfüm aus Arabien
Wilde Tiere aus Mauretanien (Nordafrika)
Pferde aus Dazien (Osteuropa)
Seide aus China
Holz aus Cyrenaika (Nordafrika)
Elfenbein aus Ostafrika
Getreide aus Ägypten

Die Trajan-Thermen

Nach dem Besuch des Hafens wollen sich Titus und sein Vater in den Trajan-Thermen reinigen und entspannen. Sie treffen eine Menge Freunde. Titus schwimmt, während sein Vater Ball spielt und sich massieren lässt. Sie tauchen ins Warmwasserbecken und springen anschließend ins erfrischende kalte Wasser. Bevor sie gehen, kauft Marcus für beide noch etwas zu trinken.
Die Römer gehen gern in Badeanstalten. Es sind nicht nur Orte der Körperertüchtigung; man trifft sich dort auch mit Freunden oder Geschäftspartnern. Männer und Frauen baden getrennt: die Frauen vor-, die Männer nachmittags.

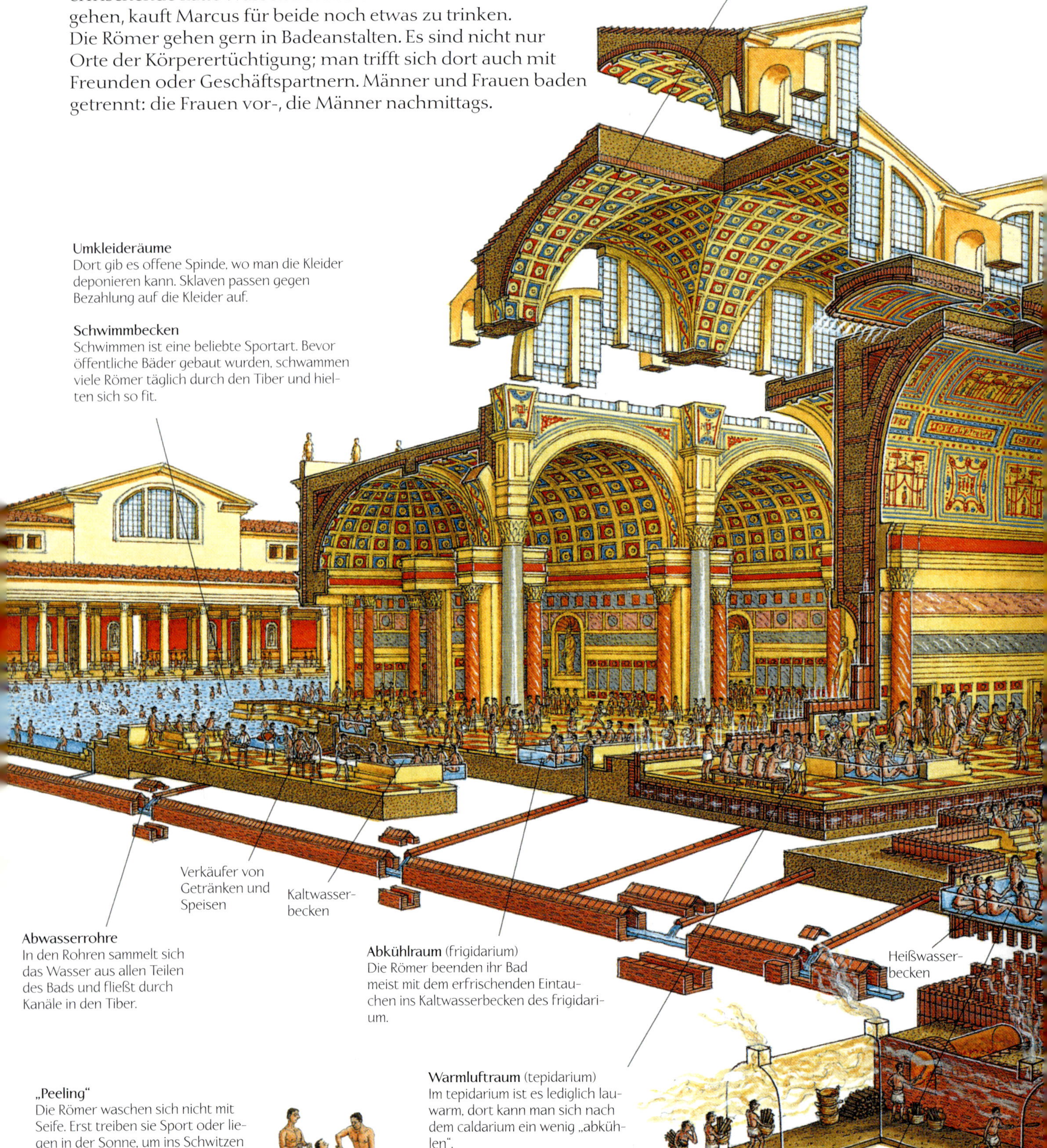

„Peeling"
Die Römer waschen sich nicht mit Seife. Erst treiben sie Sport oder liegen in der Sonne, um ins Schwitzen zu kommen. Dann reibt ein Sklave sie mit Öl ein und schabt das Öl und den Schmutz mit einem Schaber, dem strigil, ab.

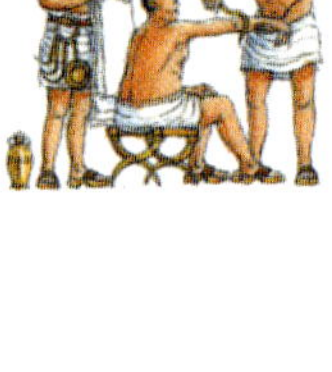

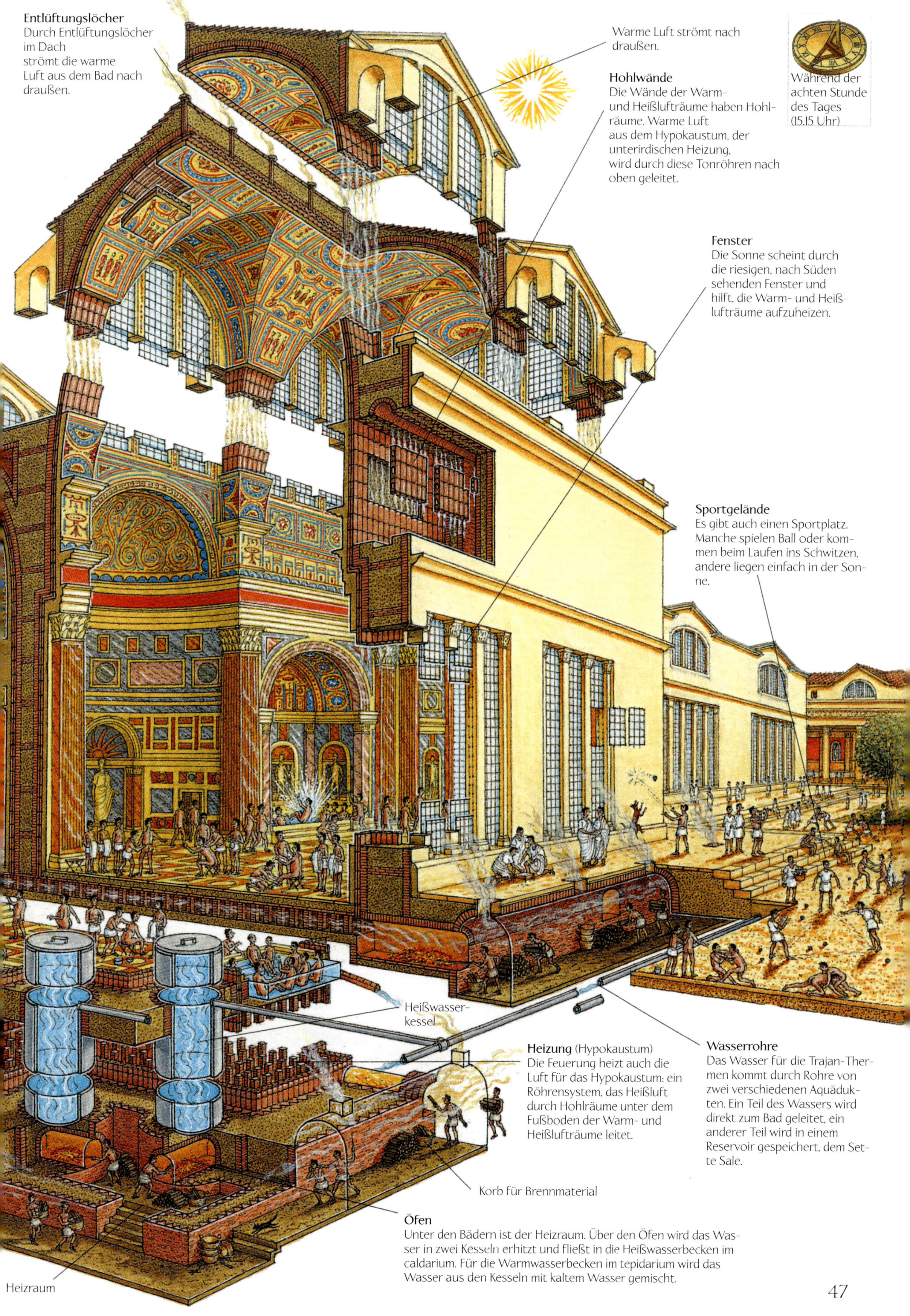

Während der achten Stunde des Tages (15.15 Uhr)

Beim Rennen

Der größte Spaß des Tages ist das Wagenrennen im Circus maximus. Jeder schreit für seine Lieblingsmannschaft. Titus und sein Vater sind für die „Grünen". „Grüne vor!", brüllt Titus. Doch bei der ersten Runde nimmt ein Wagenlenker der Roten die Kurve zu scharf – der Wagen kippt und landet direkt vor einem Wagen der Grünen. Zum Glück bleiben die Wagenlenker unverletzt. Sie müssen nun die Pferde abschirren, bevor die anderen Wagen wieder um die Kurve kommen.

Circus maximus
Der Circus maximus ist das größte Stadion aller Zeiten! Es ist 600 Meter lang und somit größer als moderne Sportplätze oder Fußballstadien. 250000 Leute finden darin Platz. Der Circus wurde um 500 v. Chr. von dem römischen König Tarquin angelegt.

Starttore
Jeder Wagen hat seine Box, vor jeder Box ist eine Gittertür. Ein Trompeter gibt das Startsignal. Dann gehen durch einen raffinierten Mechanismus alle zwölf Gitter gleichzeitig auf und die Pferde stürmen heraus.

spina
Die spina verläuft in der Mitte de Bahn, wie der Mittelstreifen der Autobahn. Drei kegelförmige Ma zeichen an jedem Ende markiere die Wendepunkte.

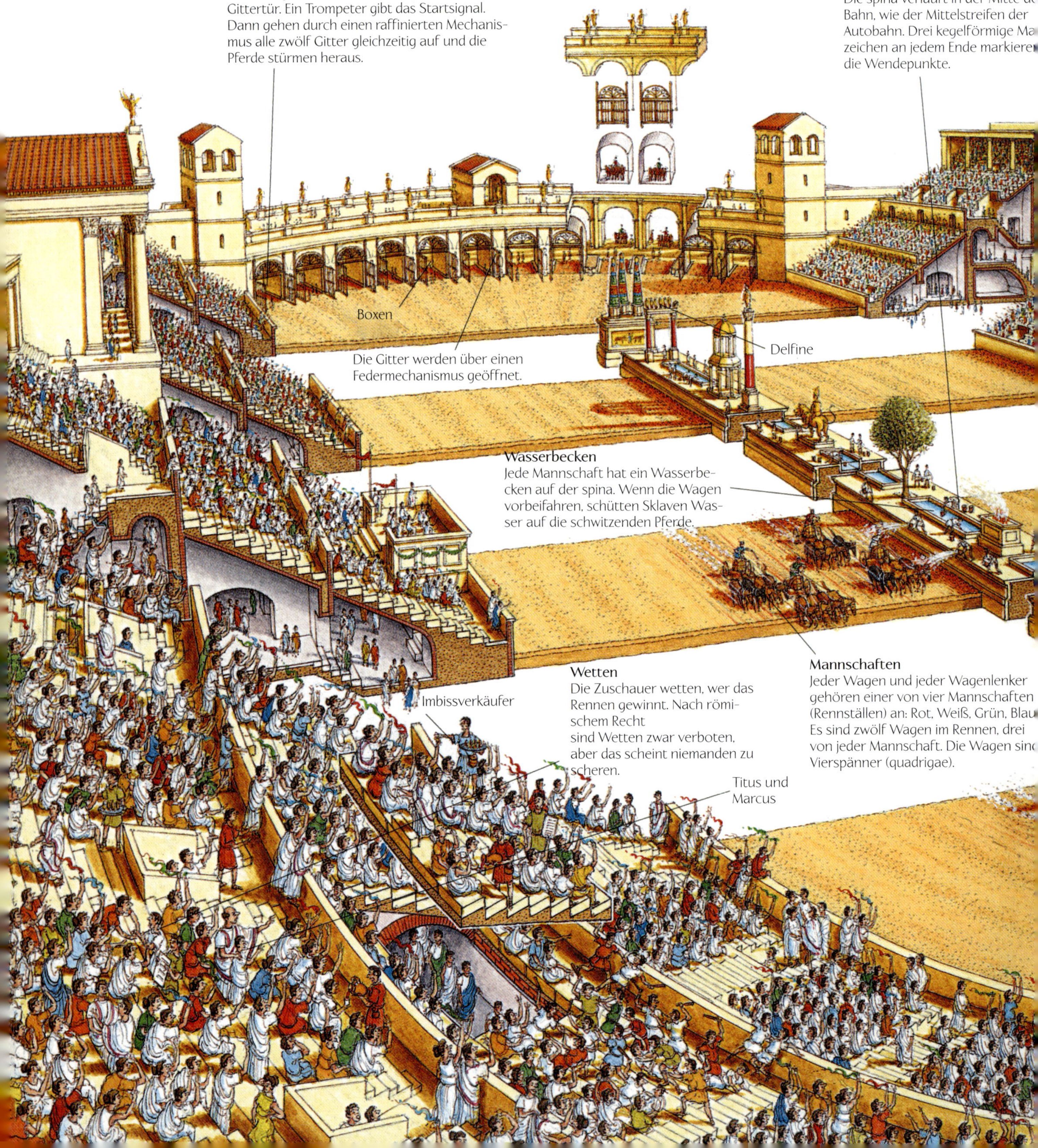

Wasserbecken
Jede Mannschaft hat ein Wasserbecken auf der spina. Wenn die Wagen vorbeifahren, schütten Sklaven Wasser auf die schwitzenden Pferde.

Wetten
Die Zuschauer wetten, wer das Rennen gewinnt. Nach römischem Recht sind Wetten zwar verboten, aber das scheint niemanden zu scheren.

Mannschaften
Jeder Wagen und jeder Wagenlenker gehören einer von vier Mannschaften (Rennställen) an: Rot, Weiß, Grün, Blau Es sind zwölf Wagen im Rennen, drei von jeder Mannschaft. Die Wagen sind Vierspänner (quadrigae).

Wagen und Wagenlenker
Wagenlenker sind Sklaven oder Freigelassene. Die Sieger bekommen hohe Preisgelder. Manch ein Wagenlenker wurde dadurch reich und berühmt und wird verehrt wie heutzutage ein Fußballstar. Doch es ist ein gefährlicher Sport, viele Wagenlenker verunglücken tödlich.

Kaiserloge
Der Kaiser kam erst kurz vor dem Rennen. Er wurde laut bejubelt.

Obelisk
Kaiser Augustus brachte diesen hohen Obelisk aus dem fernen Ägypten. Pharao Ramses der Große ließ in 1300 v. Chr. fertigen.

Wagen
Die Pferde werden ab einem Alter von zwei Jahren trainiert, nehmen aber erst mit fünf an den Rennen teil. Sie sind in den besten Ställen untergebracht und bekommen die beste Pflege. In der Nacht vor einem Rennen dürfen die Soldaten nicht das Horn blasen, um die Rennpferde nicht zu stören!

Zuschauer
Anders als im Kolosseum oder im Theater können die römischen Bürger hier sitzen, wo sie wollen. Dadurch geht es im Publikum sehr viel lebhafter zu!

Runden-Zählung
Es gibt sieben Runden pro Rennen. Nach jeder Runde wird ein Ei vom Gestell genommen und einer der sieben Delfine umgelegt. Die Eier sind Symbole für Castor und Pollux, die Schutzgötter der Pferde.

Wieder zu Hause

Zur Essenszeit kommen Titus und sein Vater nach Hause. Titus isst in der Küche; er ist noch zu jung, um am Festmahl der Erwachsenen teilzunehmen.
Bevor er zu Bett geht, kommt sein Vater mit einem Päckchen ins Zimmer. „Das habe ich für dich im Kolosseum gekauft", sagt er, „eine Gladiator-Figur!"

Essen
Im Alltag ernährt sich die Familie schlicht – Brot, Käse, Gemüse und ein wenig Fleisch. Beim Festmahl jedoch ist das Essen üppig und scharf. Die Römer mögen würzige Soßen zum Essen. Ihre Lieblingssoße ist garum oder liquamen; sie wird aus Fisch gemacht, der mehrere Tage in der Sonne verwesen muss!

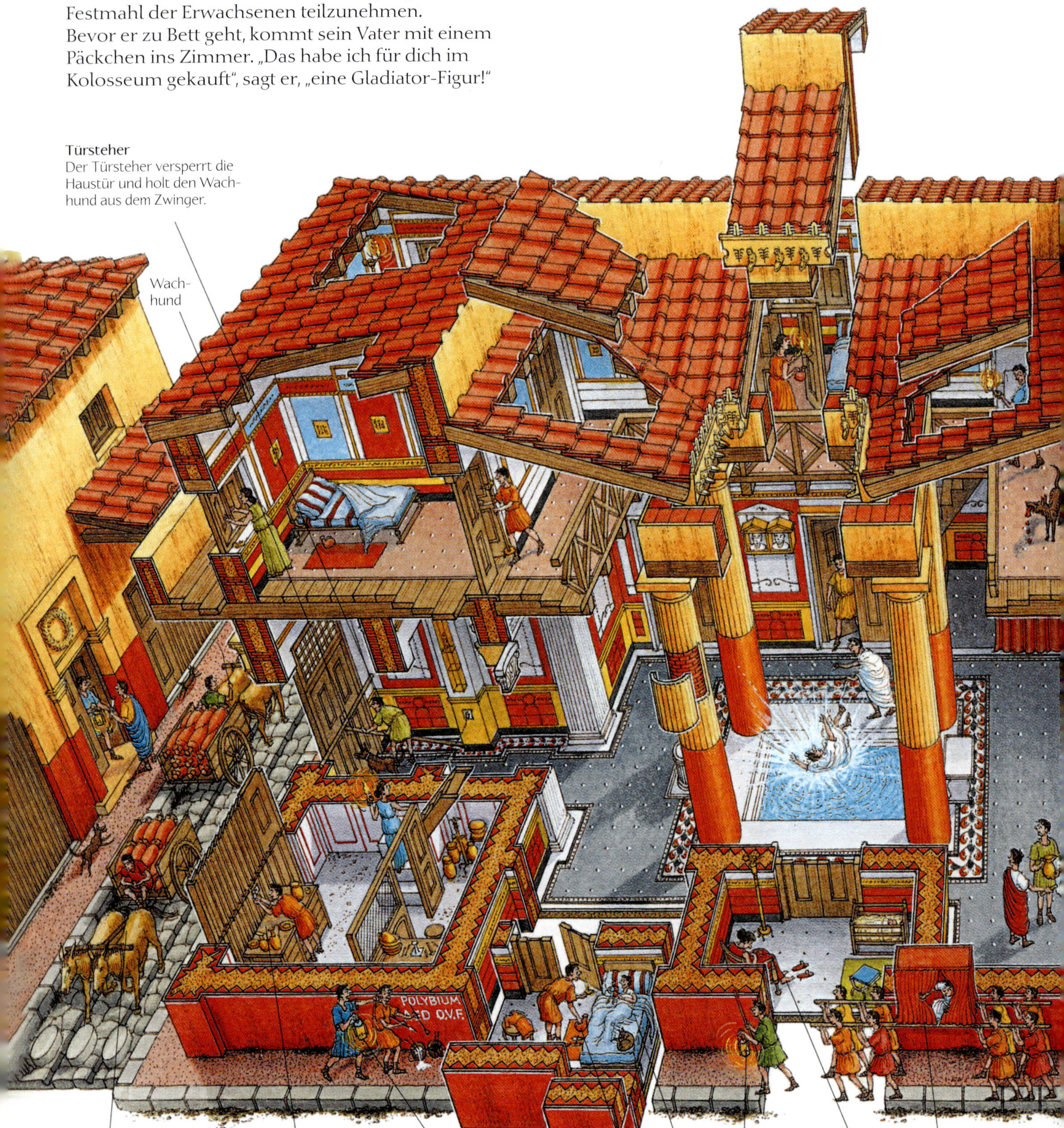

Türsteher
Der Türsteher versperrt die Haustür und holt den Wachhund aus dem Zwinger.

Straße
Nachts ist es auf den Straßen laut, gefährlich und sehr dunkel, denn es gibt keine Straßenbeleuchtung. Ständig rumpeln große Karren auf und ab. Räuber lauern auf Opfer.

Läden
Der Kupferschmied schließt seinen Laden. Er schützt die Vorderseite mit großen Holzläden.

Nachtwächter
Eine Streife Nachtwächter patrouilliert durch die Straßen, um Diebe und andere Verbrecher aufzuhalten, aber es sind zu wenige Nachtwächter, um die Straßen sicher zu machen.

Titus' Schlafzimmer
Titus liegt mit seiner Gladiator-Figur im Bett und lauscht der Musik und dem Gelächter aus dem Speisezimmer. Er wird bald sehr schläfrig.

Fulvias Zimmer
Die kleine Fulvia schläft schon. Die Amme döst in einem Sessel neben der Wiege.

Speisenfolge:
gustatio
(Vorspeisen)
- Eier
- Salat
- Rettich
- Pilze
- Oliven
- Austern
- Brötchen

prima mensa
(Hauptgang)
- Spanferkelbraten
- gekochter Schweinebauch
- gebratenes Huhn mit Lauch
- gekochtes Kalbfleisch
- Tauben
- mit Milch gemästete Zuchtschnecken
- Muscheln
- Thunfisch

Alles wird mit verschiedenen Soßen serviert.

secunda mensa
(Nachtisch)
- Birnenauflauf
- Pfannkuchen mit Milch
- Gebäck
- Obst
- Nüsse

Getränke
- verschiedene Süß- und Gewürzweine

Küche
Die Sklaven in der Küche sind immer noch damit beschäftigt, das Essen anzurichten. Chilo ist sowieso schon sauer, weil sein bester Gehilfe krank im Bett liegt, nun hat der Ersatzgehilfe auch noch ein ganzes Tablett mit Gebäck fallen lassen!

Zur elften Stunde des Tages (20.00 Uhr)

Sessel

Mosaik-Boden

Bronzelampen

osculum (Mehrzahl: oscula)

Masken

Graffiti

Klinen (Liegen) aus Holz

Kissen und Decken

Speisezimmer
Im Speisezimmer haben Titus' Eltern Gäste. Männer und Frauen liegen auf Klinen oder sitzen in Sesseln.

Unterhaltung
Musikanten spielen während des Essens auf. Später wird ein bekannter Schauspieler für die Gäste tanzen und ein lustiges Stück zum Besten geben. Zum Essen gibt es Süßwein und Gewürzwein, aber nach dem Dessert trinken die Männer noch mehr Wein und diskutieren bis spät in die Nacht.

Garten
Der Garten wird von bunten Laternen erhellt; Scheiben, oscula, reflektieren das Licht der Laternen. Der Schauspieler probt mit seinen Masken, während er auf seinen Auftritt wartet.

Glossar

Altar: Ein Steinblock mit einer flachen Oberseite, wo Priester den Göttern Tieropfer darbringen.

Amphitheater: Ein rundes, offenes Gebäude mit Rängen und Sitzreihen; dort fanden Tierhetzen und Gladiatorenkämpfe statt.

Amphore: Ein großer, bauchiger Tonkrug mit zwei Henkeln, in dem Olivenöl, Wein oder Fischsoße aufbewahrt wurden

Apollo: Der Gott des Lichtes und der Dichtkunst

Aquädukt: Ein künstlich angelegter Kanal als Wasserleitung. Rom hatte zehn Aquädukte, die das Wasser aus bis zu 40 Meilen entfernten Flüssen in die Stadt leiteten.

Atrium: Die große Eingangshalle im vorderen Teil eines römischen Hauses. Das Dach über dem Atrium war in der Mitte offen, darunter war ein Becken, in dem das Regenwasser aufgefangen wurde.

Augustus: Der erste römische Kaiser; seine Herrschaft dauerte 41 Jahre, von 27 v. Chr. bis 14 n. Chr. Vor Augustus wurde das Reich vom Senat und den Konsuln regiert.

Basilica: Ein großes Gebäude mit einer zentralen Halle und Kolonnaden (Säulengängen) an den Seiten. Dort fanden Gerichtsverhandlungen und große Versammlungen statt.

caldarium: Heißluftraum in römischen Bädern

Castor und Pollux: Römische Zwillingsgötter, die Schutzgötter der Reiter, Seeleute und der Freundschaft. Castor war Pferdezähmer, Pollux war Boxer.

Circus maximus: Die größte Rennbahn Roms. Alle Bahnen für Wagenrennen wurden circus genannt, und maximus heißt „der Größte".

Curia: Gebäude im Zentrum Roms; der Kaiser und die Senatoren (die reichsten und mächtigsten Bürger Roms) trafen sich dort zu Besprechungen und Diskussionen über die Regierungsgeschäfte.

Equites: Ritterstand; 2. Stand. Reiche Römer, die gesellschaftlich jedoch unter den Senatoren standen. Viele waren Politiker oder wichtige Armeeangehörige.

Forum: Öffentlicher Platz oder Markt. In Rom und den anderen Städten des römischen Reiches gab es viele Foren. Das bedeutendste war das Forum Romanum (das „römische Forum") in der Mitte der Stadt.

Freigelassene: Ehemalige Sklaven oder Slavinnen. Wenn sie ihrem Herrn lange Zeit gut gedient hatten, konnte er sie freilassen, sie konnten sich auch freikaufen, wenn sie genügend Geld verdient hatten.

frigidarium: Abkühlraum in römischen Bädern

garum

s. liquamen

Gewölbe: Nach oben „gebogene" Decke mit Stützpfeilern, die über größere Flächen tragfähiger ist als ein gerades, flaches Dach

Gladiator: Männer, die zur Unterhaltung der Leute in der Arena kämpften. Die meisten Gladiatoren waren Kriegsgefangene oder Verbrecher. Sie mussten auf Leben und Tod kämpfen. Ein erfolgreicher Gladiator konnte reich und berühmt werden.

Hadrian: Römischer Kaiser, 117–138. Er herrschte auch zur Zeit, in der unsere Geschichte spielt.

Helios: Sonnengott. Der Koloss, die riesige Statue, die dem Kolosseum seinen Namen gab, stellt Helios dar.

hoplomachus: Die verbreitetse Figur des schwer bewaffneten Gladiators. Er trug ein großes viereckiges Schild und ein gerades Schwert.

Hypokaustum: Unterirdische Zentralheizung, wie sie in öffentlichen Gebäuden und großen Wohnhäusern Roms verbreitet war.

impluvium: Das Becken unter der Öffnung im Dach des Atrium; dort wurde das Regenwasser aufgefangen.

Juno: Wichtigste römische Göttin, Gemahlin des Jupiter

Jupiter: Römischer Hauptgott, Gott des Wetters und des Himmels

Klienten: Ärmere Bürger, die von einem reichen, mächtigen Mann vertreten wurden; der „Patron" besorgte ihnen Arbeit und beschützte sie. Im Gegenzug halfen sie ihm und unterstützten ihn, vor allem bei Wahlen.

Kolosseum: Das größte Amphitheater Roms, die Kaiser veranstalteten dort Gladiatorenkämpfe.

Konsuln: Die beiden obersten römischen Beamten. In der Kaiserzeit war einer der Konsuln oft der Kaiser selbst. Sie wurden jedes Jahr neu gewählt.

Korsett: Ein enges, ärmelloses Lederwams, das den Brustkorb schützen sollte

lararium: Schrein (Andachtsaltar) für die Schutzgötter des Hauses

liquamen (garum): Eine sehr salzige, würzige Fischsoße, mit der viele römische Gerichte zubereitet wurden

Ludus magnus: Die größte Gladiatoren-Schule. Sie war über einen Tunnelgang mit dem Kolosseum verbunden.

Mars: ömischer Kriegsgott

Minerva: Göttin der Weisheit und des Krieges

Mosaik: Boden- oder Wandschmuck aus vielen bunten Glas- oder Steinstückchen, die zu einem Muster oder einem Bild zusammengesetzt werden

Obelisk: Ein spitz zulaufender Pfeiler mit vier Seiten

ocella: („Äugchen") Ein römischer Imbiss aus einem Brotfladen, der mit Oliven und Käse belegt wurde, ähnlich der heutigen Pizza, allerdings ohne Tomate; diese Frucht wurde in römischer Zeit noch nicht in Europa kultiviert.

osculum: („Mündchen") Eine Scheibe aus Metall oder einem anderen glänzenden Material; sie wurde so aufgehängt, dass sie das Licht reflektierte.

Ostia: Hafenstadt an der Küste vor Rom. Rom liegt zwar am Tiber, aber der Fluss ist zu seicht, als dass große Boote ihn befahren konnten. Die Fracht musste in Ostia umgeladen werden.

Papyrus: Papier aus dem Mark der Papyrus-Stängel, erstmals in Ägypten hergestellt

Pharao: König der alten Ägypter

Prätorianer: Soldaten der kaiserlichen Leibgarde

Quadriga

Ein Wagen, der von vier (nebeneinander gespannten) Pferden gezogen wird

retiarius: Ein leicht bewaffneter Gladiator; er hatte kein Schild, aber ein Netz und einen Dreizack.

Rostra: Tribüne im Forum Romanum, wo wichtige Reden gehalten wurden

secutor: Mit Schwert und Schild bewaffneter Gladiator; er trug einen glatten Helm, um nicht im Netz eines retiarius gefangen zu werden.

Senat: s. Curia

Senator: Politiker; Mitglied des Senats; reicher und mächtiger Bürger Roms

Schiff (nave): Zentrale Halle einer römischen Basilika. Später wurde diese Bezeichnung für ähnliche Bauteile einer Kirche verwendet.

Senkgrube: Große Grube für Müll und Exkremente

Sette Sale: Wasserreservoir der Trajan-Thermen

spina: „Mittelstreifen" des Circus maximus

strigil: Schaber, mit dem die aufgeweichte, eingeölte Haut abgeschabt wurde. Die Römer wuschen sich nicht mit Seife – sie ölten sich ein und schabten dann den Schmutz zusammen mit dem Öl ab.

Tarquin: In der Frühzeit wurde Rom von Königen regiert. Tarquin war der vierte von sieben römischen Königen. Er herrschte von 616 bis 579 v. Chr.

tepidarium: Warmluftraum in römischen Bädern

Tieropfer: Als heilige Handlung wurde ein Tier geopfert.

Toga: Kleidungsstück der römischen Männer; es war ein großes Wolltuch, das wie ein Umhang umgeschlungen wurde.

Trajan: Römischer Kaiser, 98–117

Tunika: Kleidungsstück aus einem rechteckigen Stück Tuch; in der Mitte hatte es einen Ausschnitt für den Kopf, an der Hüfte wurde es von einem Gürtel gehalten.

venator: Als Teil der Spiele im Kolosseum hetzten die venatores wilde Tiere.

Venus: Römische Liebesgöttin

vomitoria: Eingänge und Ausgänge für die Ränge im Kolosseum

Wahlen: Die Bürger wählten zu bestimmten Zeiten die Konsuln und andere Politiker, die die Regierungsgeschäfte im Römischen Reich führten.

Weihrauch: Harze, die beim Erhitzen einen aromatischen oder süßlichen Duft entwickeln. Sie wurden in römischen Tempeln, vor allem während religiöser Zeremonien, verbrannt.

GRIECHEN-LAND

Eine Reise in der Antike

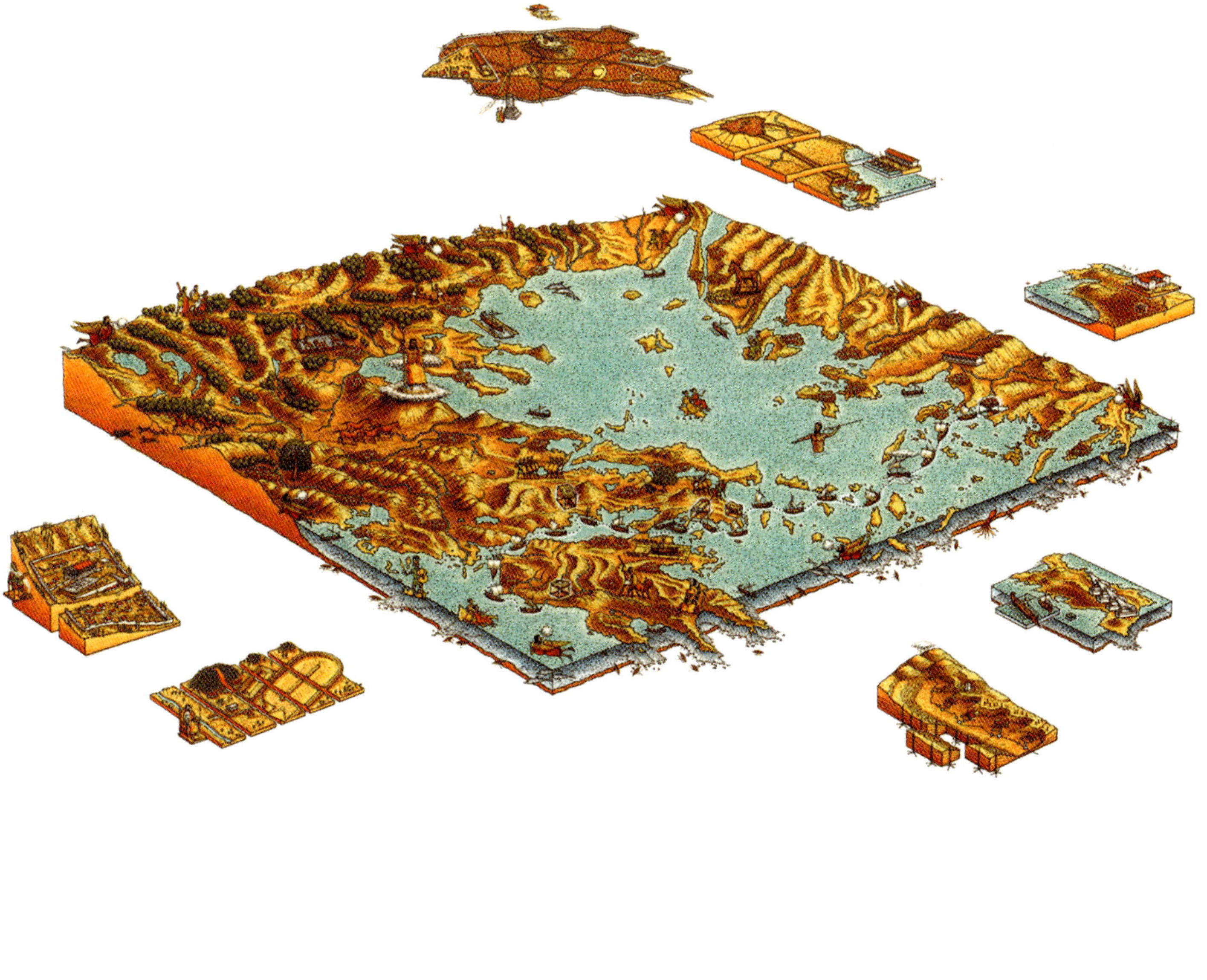

„Warum ich stolz bin, ein Grieche zu sein“ von Neleus, Sohn des Mileters Aristagoras

Ich bin stolz, ein Grieche zu sein, denn wir sind das zivilisierteste und mächtigste Volk der Welt. Drei Dinge beweisen das.

Erstens wohnen wir bei den Göttern: Auf dem Olymp, dem himmelhohen Berg im griechischen Staat Thessalien, leben der Göttervater Zeus und elf andere mächtige Götter. Solche Nachbarn zu haben, ist die größte Ehre, aber sie sind leicht erzürnt, sodass wir uns vorsehen müssen, damit wir sie nicht verärgern. Alles, was schief geht, ist eine Strafe der Götter für unsere Unvernunft.

Zweitens führen wir das beste Leben. Unser Land besteht aus wohlhabenden, gut regierten Staaten, jeder mit einer eigenen Hauptstadt und dem zugehörigen Land. Athen, der reichste und großartigste Stadtstaat, besitzt Kolonien jenseits des Meeres und hat Verbündete wie Milet, wo wir wohnen. Sparta, Athens Rivalin, ist eine berühmte Militarmacht. Alle Griechen sprechen dieselbe wunderbare Sprache, und wir haben eine große Tradition an Dichtung, Philosophie und Geschichte. Wir sind große Denker: Wer sonst weiß so viel über Staatsführung, Wissenschaften und Astronomie? Zudem bezahlen wir mit Silbermünzen und veranstalten fantastische sportliche Wettspiele.

Drittens haben wir unsere Größe dadurch bewiesen, dass wir die Perser, die unser Land erobern wollten, geschlagen haben. Der erste griechische Triumph war, dass die Athener und die Plataier den Feind bei Marathon besiegten. Die Spartaner unter Leonidas hielten dann grandios den Vormarsch der Perser bei den Thermopylen auf. Schließlich errang die athenische Flotte einen großen Sieg bei Salamis, und das persische Heer wurde bei Plataiai niedergerungen. Das war vor gut vierzig Jahren.

Das Einzige, was unsere wunderbare Kultur in Gefahr bringen könnte, sind Kriege untereinander. Die gab es vor einiger Zeit, als sich Athen und Sparta verfeindeten. Heute erfreuen wir uns der Früchte des Friedens, der kurz nach meiner Geburt geschlossen wurde und 30 Jahre währen soll.

Inhalt

Unsere Reise

Ich heiße Neleus, bin fast 12 Jahre alt und gerade von der fantastischen Reise zurückgekehrt, die diese Karte zeigt. Mein Vater, der Kornhändler Aristagoras, nahm mich und meinen jüngeren Bruder Periander („Peri", 10 Jahre) mit nach Athen. Vater musste dort wichtige geschäftliche Dinge klären. Dann fuhren wir nach Delphi, wo wir das weltberühmte Orakel befragten. Und schließlich entschieden die Götter über die Zukunft unserer Familie mittels eines Ringkampfs bei den Olympischen Spielen. Eine Mega-Tour, nicht?

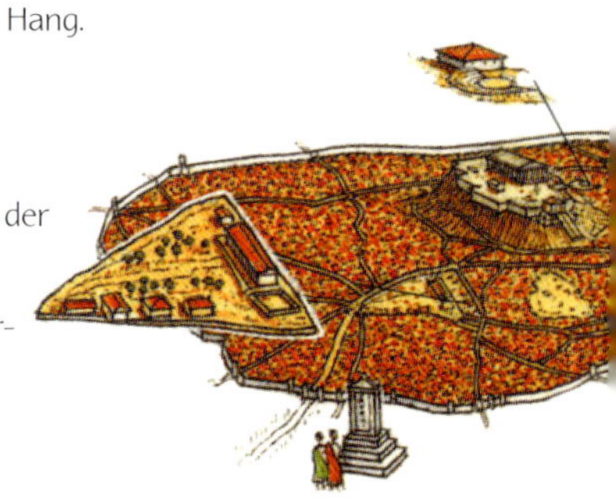

32. TAG

Das Dionysos-Theater
Unterhalb der Akropolis mit dem mächtigen Parthenon, dem Athene-Tempel, schmiegt sich dieses berühmte Theater an den Hang.

29. TAG

Die Agora in Athen
Der offene Platz im Herzen der Stadt wird von wichtigen öffentlichen Gebäuden gesäumt und dient üblicherweise als Marktplatz.

Artemis

Die jungfräuliche Artemis war die Göttin der Jagd, der Tiere und der Geburt. Ihr Tempel in Ephesos galt als eines der Sieben Weltwunder der Antike.

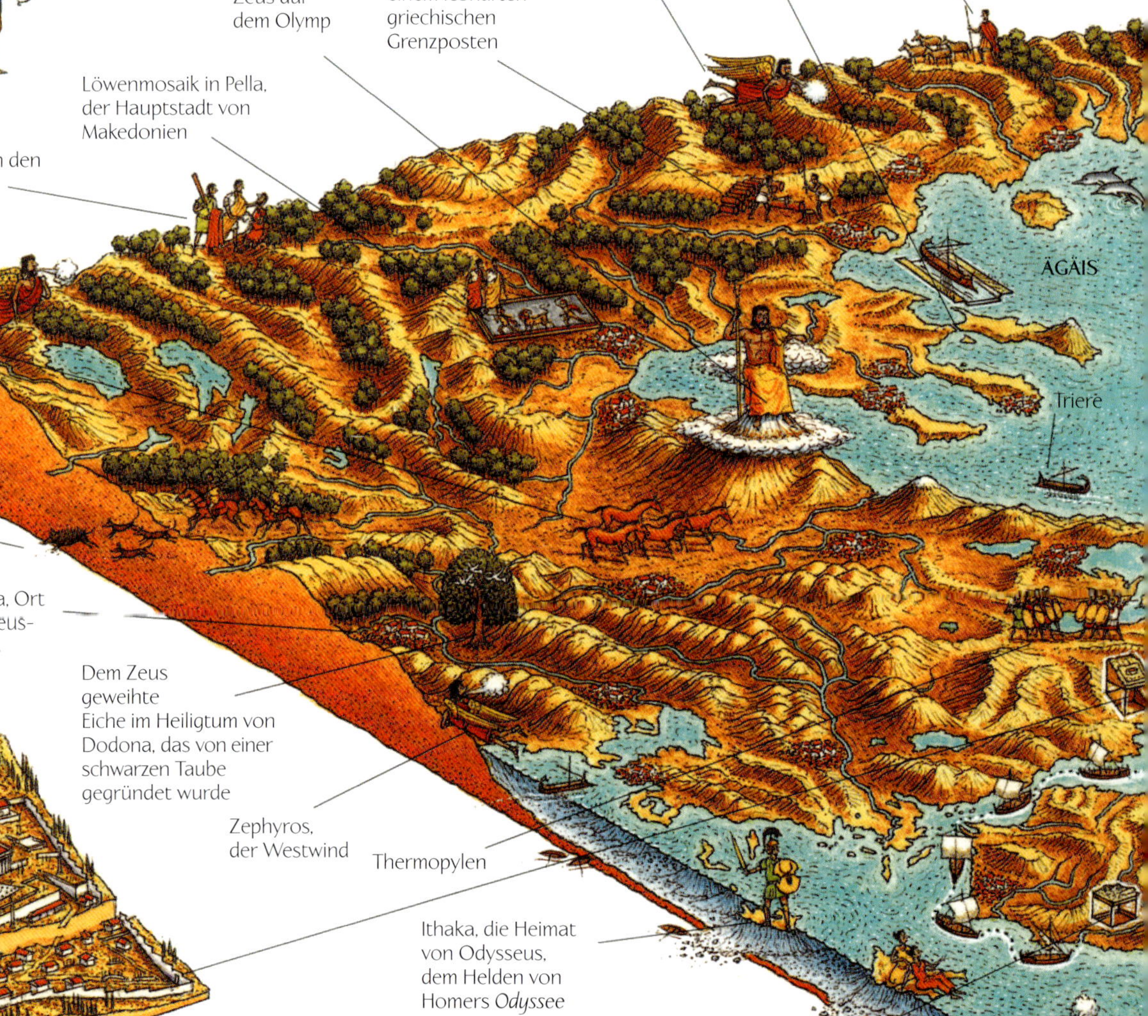

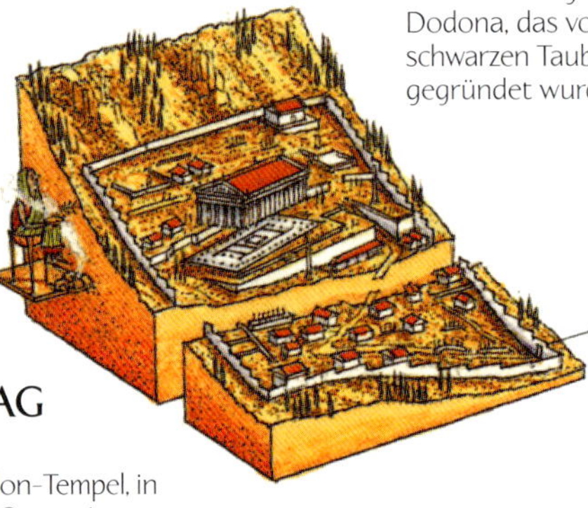

50. TAG

Delphi
Der Apollon-Tempel, in dem der Gott seine berühmten Orakelsprüche verkünden lässt, liegt am Südhang des Parnass.

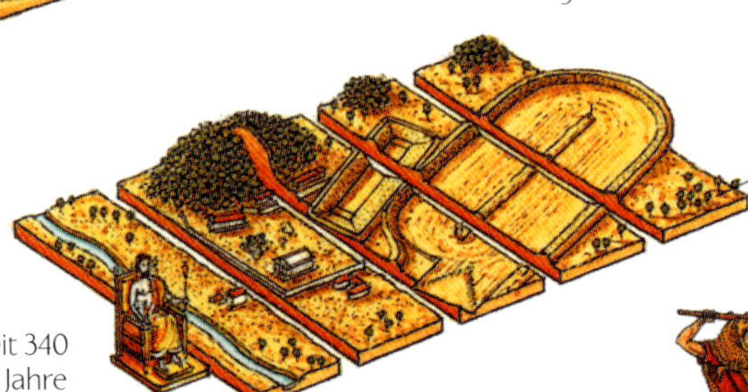

71. TAG

Olympia
Hier werden seit 340 Jahren alle vier Jahre die größten sportlichen Wettspiele zu Ehren des Zeus abgehalten.

Herakles in Nemea

Herakles (der römische Herkules) wurde von der Göttin Hera mit Wahnsinn geschlagen und tötete daraufhin seine eigenen Kinder. Zur Strafe musste er 12 kaum zu schaffende Aufgaben bewältigen. Die erste war, den unverwundbaren Nemeischen Löwen zu erwürgen.

ZUNAHME-DEKADE | MITTLERE DEKADE | ABNAHME-DEKADE

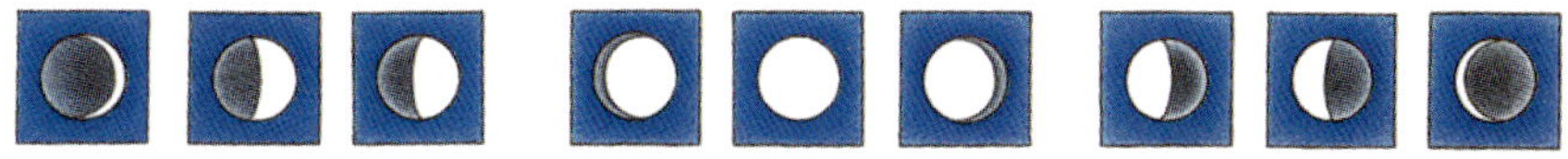

Der athenische Kalender

Das Jahr war in 12 Monate (Mondzyklen) mit jeweils 29 oder 30 Tagen aufgeteilt. Jeder Monat bestand aus drei „Dekaden“ mit je 10 Tagen: der Zunahme-Dekade (der Mond wird größer), der mittleren Dekade (der Mond ist voll oder nahezu voll) und der Abnahme-Dekade (der Mond wird kleiner).

Unsere Geschichte spielt 436 v. Chr., beginnt im Monat THARGELION (etwa unser Juni)

ΘΑΡΓΗΛΙΩΝ

und erstreckt sich über den SKIROPHORION (Juli)

ΣΚΙΡΟΦΟΡΙΩΝ

bis zum HEKATOMBAION (August).

ΕΚΑΤΟΜΒΑΙΩΝ

Das griechische Alphabet ist zusammen mit der Umschrift auf Seite 28 abgedruckt.

13. TAG

Die Straßen von Athen
Tiere und Menschen jedweder Art drängen sich in den Straßen der größten Stadt Griechenlands.

12. TAG

Piräus
Die „Stadt der drei Häfen“ ist der Haupthafen von Athen und liegt 6,5 Kilometer südwestlich der Hauptstadt.

1. TAG

Milet
Hier beginnt die Reise: in der bedeutendsten Stadt Ioniens, die auch eine der wichtigsten Verbündeten von Athen ist.

4. TAG

Delos
Die Insel, die sich fest in athenischer Hand befindet, gilt als Geburtsort des Gottes Apollon und seiner Zwillingsschwester Artemis.

8. TAG

Laurion
Das Silber aus den riesigen Minen hier trägt wesentlich dazu bei, dass Athen der reichste Stadtstaat Griechenlands ist.

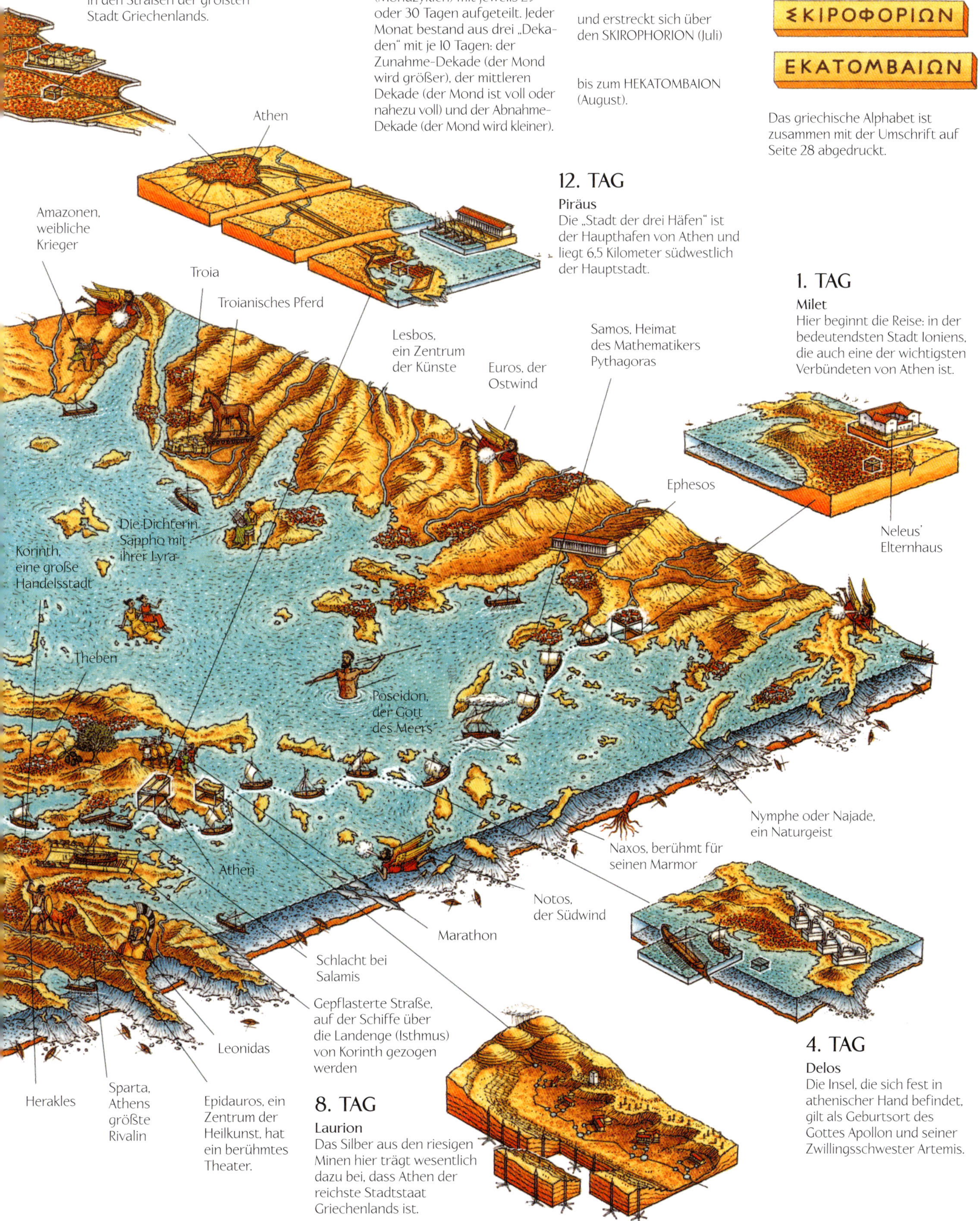

Daheim in Milet

In der Nacht vor unserer Abreise schliefen wir nicht sehr viel. Vater feierte ein lautes Abschiedsfest – er war bester Laune, weil er gerade einen Brief von Aspasia bekommen hatte. Sie stammt aus Milet und ist die Freundin von Perikles, einem wirklich bedeutenden athenischen Politiker. In dem Schreiben hieß es, Perikles würde Vater vor dem Gericht in Athen helfen. Nachdem wir gepackt hatten, diskutierten Peri und ich stundenlang über den Mileter Ringer Thrasyboulos. Peri meinte, „Boulos" würde ganz bestimmt bei den Olympischen Spielen gewinnen. Ich war da nicht so sicher.

Frauen

In der Stadt hatten ehrbare griechische Frauen nur einen sehr beschränkten Handlungsspielraum. Sie besaßen kaum Rechte, und es wurde von ihnen erwartet, dass sie die meiste Zeit mit langweiligen Arbeiten im Haus verbrachten. Auf dem Land gab es viel weniger Einschränkungen.

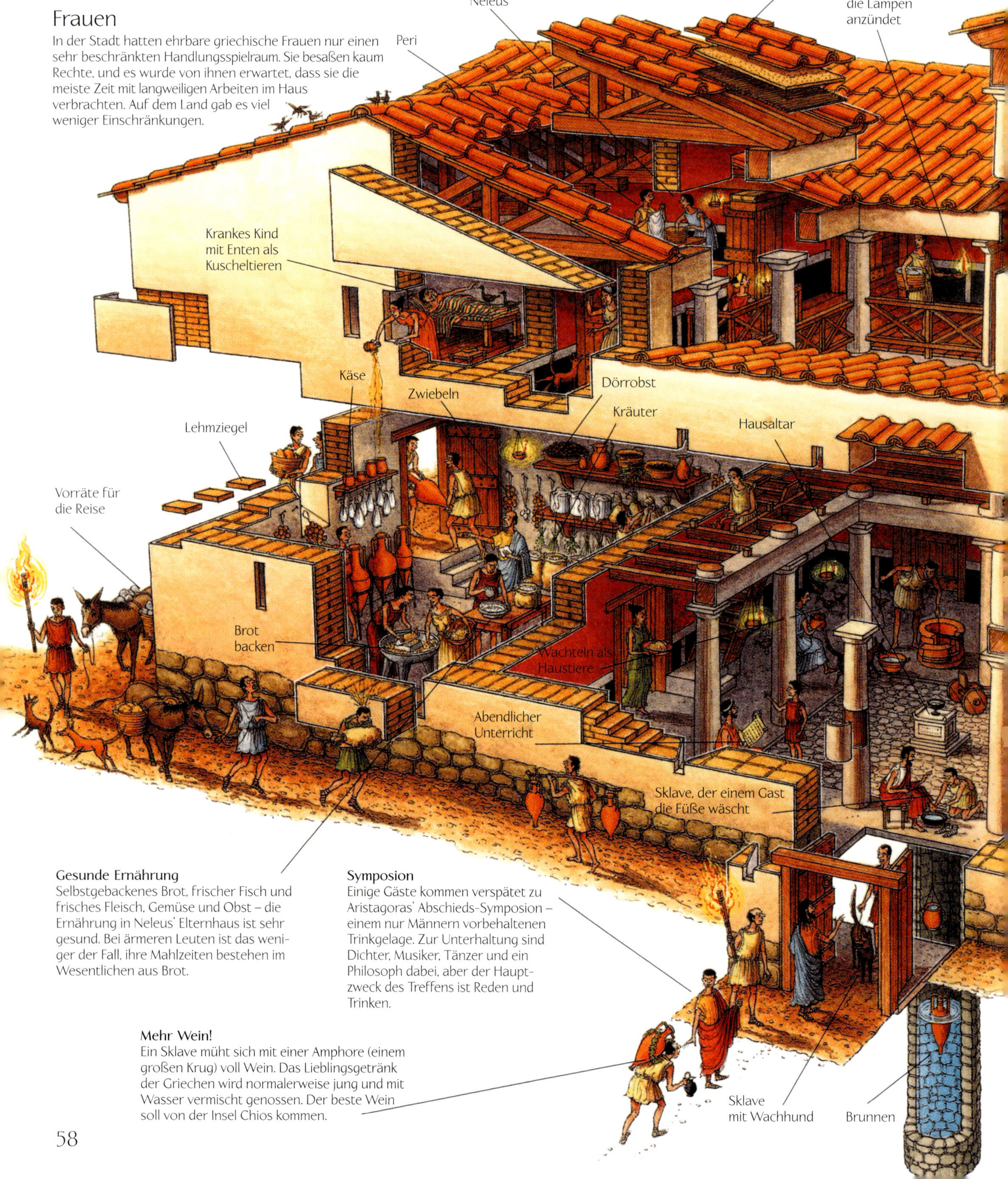

Gesunde Ernährung
Selbstgebackenes Brot, frischer Fisch und frisches Fleisch, Gemüse und Obst – die Ernährung in Neleus' Elternhaus ist sehr gesund. Bei ärmeren Leuten ist das weniger der Fall, ihre Mahlzeiten bestehen im Wesentlichen aus Brot.

Symposion
Einige Gäste kommen verspätet zu Aristagoras' Abschieds-Symposion – einem nur Männern vorbehaltenen Trinkgelage. Zur Unterhaltung sind Dichter, Musiker, Tänzer und ein Philosoph dabei, aber der Hauptzweck des Treffens ist Reden und Trinken.

Mehr Wein!
Ein Sklave müht sich mit einer Amphore (einem großen Krug) voll Wein. Das Lieblingsgetränk der Griechen wird normalerweise jung und mit Wasser vermischt genossen. Der beste Wein soll von der Insel Chios kommen.

Weben
Die Wolle zu Garn zu verspinnen und dann auf dem Webstuhl zu Stoff zu verarbeiten ist Frauenarbeit. Sie findet im ersten Stock statt, dem Bereich des Hauses, der überwiegend den Frauen und Kindern vorbehalten ist.

Pst!
Ein Sklave bittet die Musiker, leise hereinzukommen. Sie haben eine Rohrflöte (die etwa wie eine heutige Oboe klingt), eine mit Saiten bespannte Lyra und ein Tamburin dabei.

Kottabos-Spiel
Die Trinkenden versuchen, die letzten Weintropfen in eine bereitgestellte Metallschale zu schleudern.

Dionysos

Der Gott des Weins und der Feste wurde meist von Bocksprünge vollführenden Satyrn (Waldgeistern) begleitet. Die wichtigsten Theaterfestspiele in Athen, die Frühlings-Dionysien, wurden ihm zu Ehren veranstaltet.

Kinderspiele

Kinder hatten Spielzeuge wie Reifen, Rasseln und Puppen, die aus Stoff oder Ton hergestellt waren. Einige hatten einen Hund als Kuscheltier und manche sogar ein Wiesel! Beliebt waren Ballspiele und auch, Knöchelchen mit dem Handrücken aufzufangen.

Philosophie und Wissenschaft

Die Griechen waren sehr stolz auf ihre großen Philosophen. Denker wie Sokrates (469–399 v. Chr.), Platon (um 429–347), Aristoteles (384–322) und Archimedes (um 287–212) legten die Grundsteine für große Teile der modernen Wissenschaft und Bildung.

Einfahrt in den Hafen von Delos

Nachdem wir uns von Mutter und unseren Schwestern verabschiedet hatten, fuhren wir mit einem von Vaters Frachtschiffen los. Wir segelten tagsüber von Insel zu Insel. Am zweiten Morgen gerieten wir in einen Sturm, und ich wurde schrecklich seekrank. Peri lachte nur. Später, bei der Einfahrt in den Hafen von Delos, kamen wir an einem faszinierenden geweihten athenischen Kriegsschiff vorbei. Peri und ich winkten, aber Vater murmelte nur missmutig, dass es wahr-scheinlich mit dem Tribut der schwer gebeutelten Mileter bezahlt worden sei.

Poseidon

Der den Dreizack schwingende Poseidon war ein Bruder von Zeus und herrschte über die Meere. Die Athener verehrten ihn besonders, zum einen wegen ihrer Tradition als Seefahrer, zum anderen, weil er möglicherweise der Vater ihres Lokalhelden Theseus war.

Eule
Der Schild mit der Eule erinnert an die weise, „eulenäugige" Göttin Athene, nach der Athen benannt ist.

Seefahrt

Schiffe und das Meer waren für die meisten Griechen von Bedeutung, für die Athener waren sie jedoch lebenswichtig. Ihr Reichtum entsprang überwiegend dem Überseehandel und den Tributen von jenseits des Meers, und ihre mächtige Flotte war eine entscheidende Angriffs- und Verteidigungswaffe.

Fischerei

Die Griechen aßen sehr viel Fisch und importierten sogar zusätzliche Mengen vom Schwarzen Meer. Fisch wurde frisch gegessen und durch Einsalzen oder Trocknen konserviert.

Ares

Ares war der blutrünstige, gnadenlose und doch manchmal feige Kriegsgott. Er wurde von seinen Eltern, Zeus und Hera, gehasst und hatte nur einen Bewunderer: Hades, der Herrscher der Unterwelt, liebte Ares, weil dieser mit seinen Metzeleien sein Reich der toten Seelen füllte.

4. TAG **ΘΑΡΓΗΛΙΩΝ**

Delos

Die heilige Insel Delos war Namensgeberin für ein Bündnis, das für den Kampf gegen die Perser geschlossen wurde. Der Bund – und Delos – gerieten alsbald unter die Oberherrschaft Athens. 426 v. Chr. verfügte Athen, dass niemand auf der Insel geboren werden oder sterben durfte.

Ruderer
Das Rudern der Trieren (Kriegsschiffe) gehört zum Militärdienst der athenischen Männer. Eine Triere wird von 170 Mann gerudert, auf jeder Seite sitzen 85 von ihnen in drei Reihen übereinander. Die Form der Riemen ist in jeder Reihe anders.

Triere
Dieser besondere Schiffstyp wird aus leichterem Holz über einem schweren Eichenkiel gebaut. Die einfache Form ermöglicht es Athen, pro Jahr bis zu 200 Trieren in Dienst zu stellen.

Teures Holz
Im Süden von Griechenland gibt es kaum Bauholz. Deshalb ist eine Triere eine äußerst kostspielige militärische Waffe. Nur Athen kann sich dank seiner reichen Silberminen und vielen Tribute genug Holz kaufen, um eine riesige Flotte zu bauen.

Seepfeil

Mit 36 Metern Länge, 5,5 Metern Breite und einer Höchstgeschwindigkeit von rund 18 Kilometern pro Stunde waren die Trieren darauf ausgerichtet, über das Wasser zu schnellen und das gegnerische Schiff unter der Wasserlinie mit ihrem todbringenden Rammsporn aufzureißen.

Siedlungen und Kolonien

Der Sieg über die Perser brachte Athen die Herrschaft über ein ganzes Geflecht von Stadtstaaten rund um die Ägäis ein. Die griechischen Siedlungen reichten auch noch weiter: von Massalia im heutigen Südfrankreich bis Tell Sukas in Syrien.

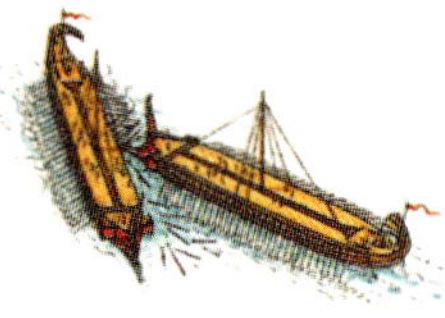

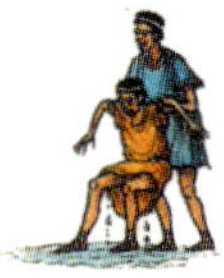

Die Silberminen von Laurion

In Thorikos übernachteten wir bei einem von Vaters Geschäftsfreunden. Vater erzählte ihm, dass er nach Athen müsse, weil ihm Lyrias, sein dortiger Vertreter, Geld gestohlen habe. Unser Gastgeber entgegnete, die Athener hätten schon genug Geld und müssten es Vater nicht noch wegnehmen. Er zeigte uns, was er damit meinte, indem er uns zu der riesigen athenischen Silbermine von Laurion führte. Als Peri herumzuhampeln begann und in ein Wasserbecken fiel, war ich es, der lachen durfte!

Hera

Nachdem Peri aus dem Wasserbecken gerettet worden war, brachte er Hera ein Dankopfer dar. Die Schwester und Gemahlin von Zeus war die oberste Göttin und Beschützerin des Heims und der Frauen und Kinder. Sie konnte auch grausam sein, insbesondere gegenüber den Geliebten ihres Gemahls.

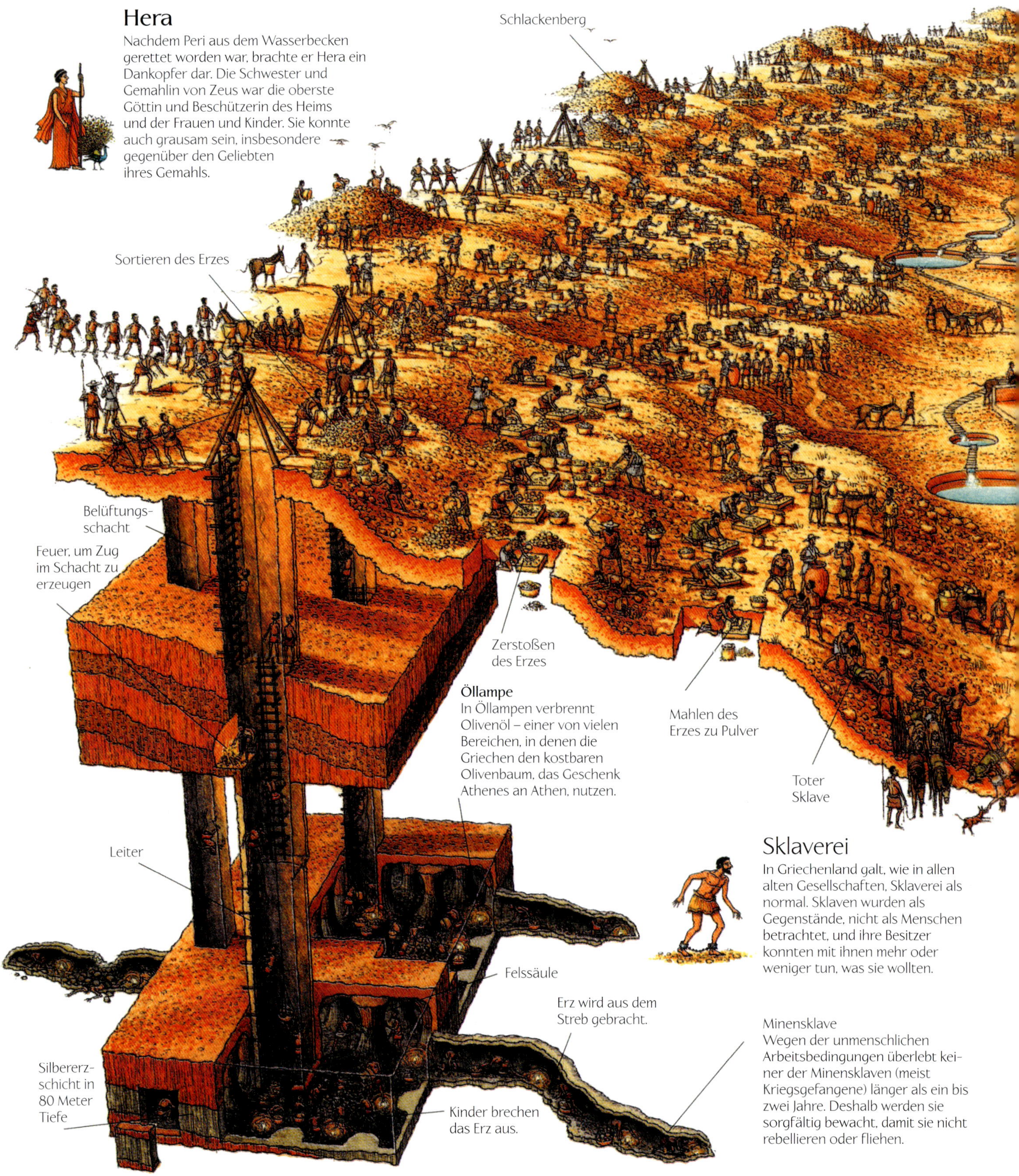

Öllampe
In Öllampen verbrennt Olivenöl – einer von vielen Bereichen, in denen die Griechen den kostbaren Olivenbaum, das Geschenk Athenes an Athen, nutzen.

Sklaverei

In Griechenland galt, wie in allen alten Gesellschaften, Sklaverei als normal. Sklaven wurden als Gegenstände, nicht als Menschen betrachtet, und ihre Besitzer konnten mit ihnen mehr oder weniger tun, was sie wollten.

Minensklave
Wegen der unmenschlichen Arbeitsbedingungen überlebt keiner der Minensklaven (meist Kriegsgefangene) länger als ein bis zwei Jahre. Deshalb werden sie sorgfältig bewacht, damit sie nicht rebellieren oder fliehen.

Kahle Landschaft
Im Lauf der Jahrtausende haben Holzfäller und weidende Tiere allmählich den Bewuchs verringert und aus Südgriechenland eine dürre und kahle Landschaft gemacht.

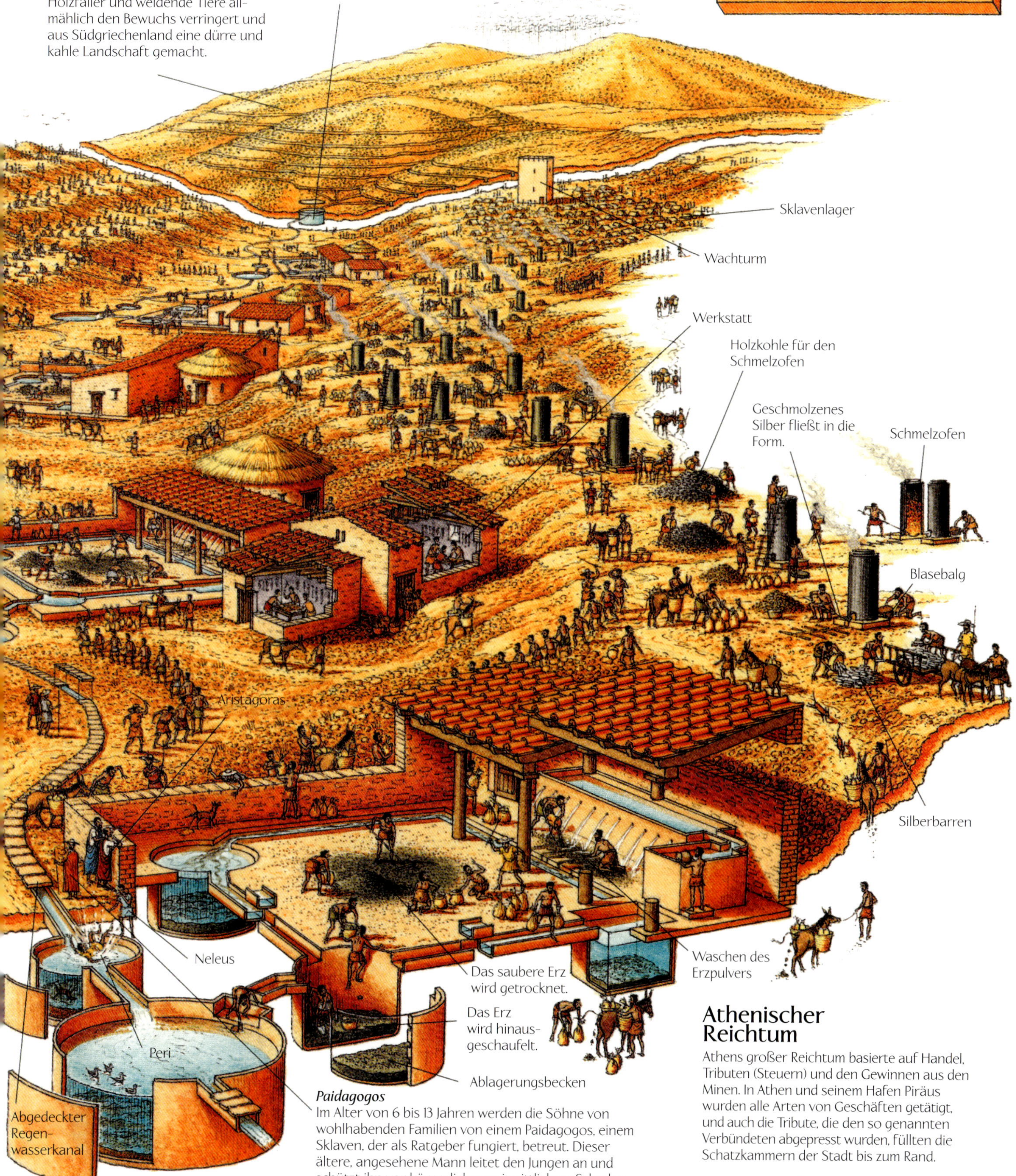

Paidagogos
Im Alter von 6 bis 13 Jahren werden die Söhne von wohlhabenden Familien von einem Paidagogos, einem Sklaven, der als Ratgeber fungiert, betreut. Dieser ältere, angesehene Mann leitet den Jungen an und schützt ihn vor körperlichem wie sittlichem Schaden.

Athenischer Reichtum

Athens großer Reichtum basierte auf Handel, Tributen (Steuern) und den Gewinnen aus den Minen. In Athen und seinem Hafen Piräus wurden alle Arten von Geschäften getätigt, und auch die Tribute, die den so genannten Verbündeten abgepresst wurden, füllten die Schatzkammern der Stadt bis zum Rand.

Silbergewinnung

Piräus, der Hafen von Athen

Schließlich kamen wir nach Piräus, dem Hafen von Athen. Nicht mal im Traum hätte ich mir so viele Schiffe und so viele Waren vorstellen können! An diesem Morgen erklärte Peri, er wolle ein Ringer wie Boulos werden, und ich sagte ihm, dafür sei er viel zu ungeschickt. Das bewahrheitete sich, als Peri, während Vater Geld wechselte, einen Krug mit sehr teurem Wein umstieß. Vater musste dem Besitzer den Schaden bezahlen, und das brachte ihn noch mehr gegen Athen auf.

Schiffswerft
Die Trieren Athens würden rasch Wasser ziehen, wenn sie zu lange auf dem Meer blieben. Deshalb ist eine riesige Schiffswerft nötig, um sie zu reparieren und aufzubewahren.

Metöke
Metöken sind Griechen, die von außerhalb nach Athen gezogen sind und dort ihre Geschäfte betreiben. Sie dürfen sich zwar nicht an der Politik beteiligen und auch kein Land besitzen, aber ihre Kenntnisse und ihr Fleiß haben sehr zum Wohlstand der Stadt beigetragen.

Münzen

Das Münzgeld wurde in Lydien (in der heutigen Türkei) erfunden und im 6. Jahrhundert v. Chr. von den Griechen übernommen. Von höchster Qualität waren die athenischen Münzen, auf die per Hand eine Eule geprägt wurde und deren Silber aus Laurion kam.

Importe

Da das Umland von Athen (Attika) nicht genug Nahrungsmittel für die Stadt liefern konnte, wurden alljährlich Tonnen von Getreide importiert. Außerdem waren Luxusgüter wie Elfenbein, Gold, Silber, Seide und Parfüm sehr gefragt.

Exporte

Waren, die in Athen hergestellt wurden, fanden im ganzen Mittelmeerraum Abnehmer. Am beliebtesten waren Tonkrüge (Amphoren) mit Wein, edle Keramik und Gegenstände aus Eisen und Bronze.

ΘΑΡΓΗΛΙΩΝ

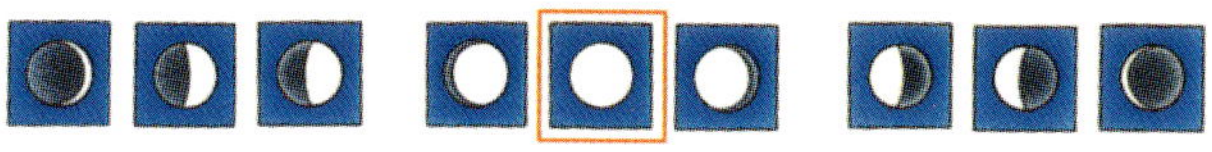

Bürgerschaft

Als Bürger galten jene Einwohner, die aus Familien kamen, die seit der Gründung der Stadt hier gelebt hatten. Alle männlichen Bürger beteiligten sich an der Regierung und mussten Militärdienst leisten. Frauen und Kinder hatten wenig Rechte und standen unter dem Schutz ihrer männlichen Verwandten.

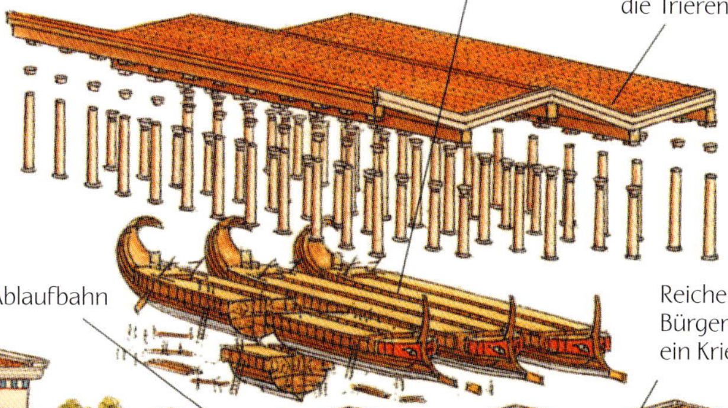

Demeter

Demeter, die mystische Göttin des Getreides und aller Erzeugnisse der Erde, war zugleich eng mit der Unterwelt verbunden: Ihre Tochter Persephone war die Frau des grimmigen Unterweltfürsten Hades.

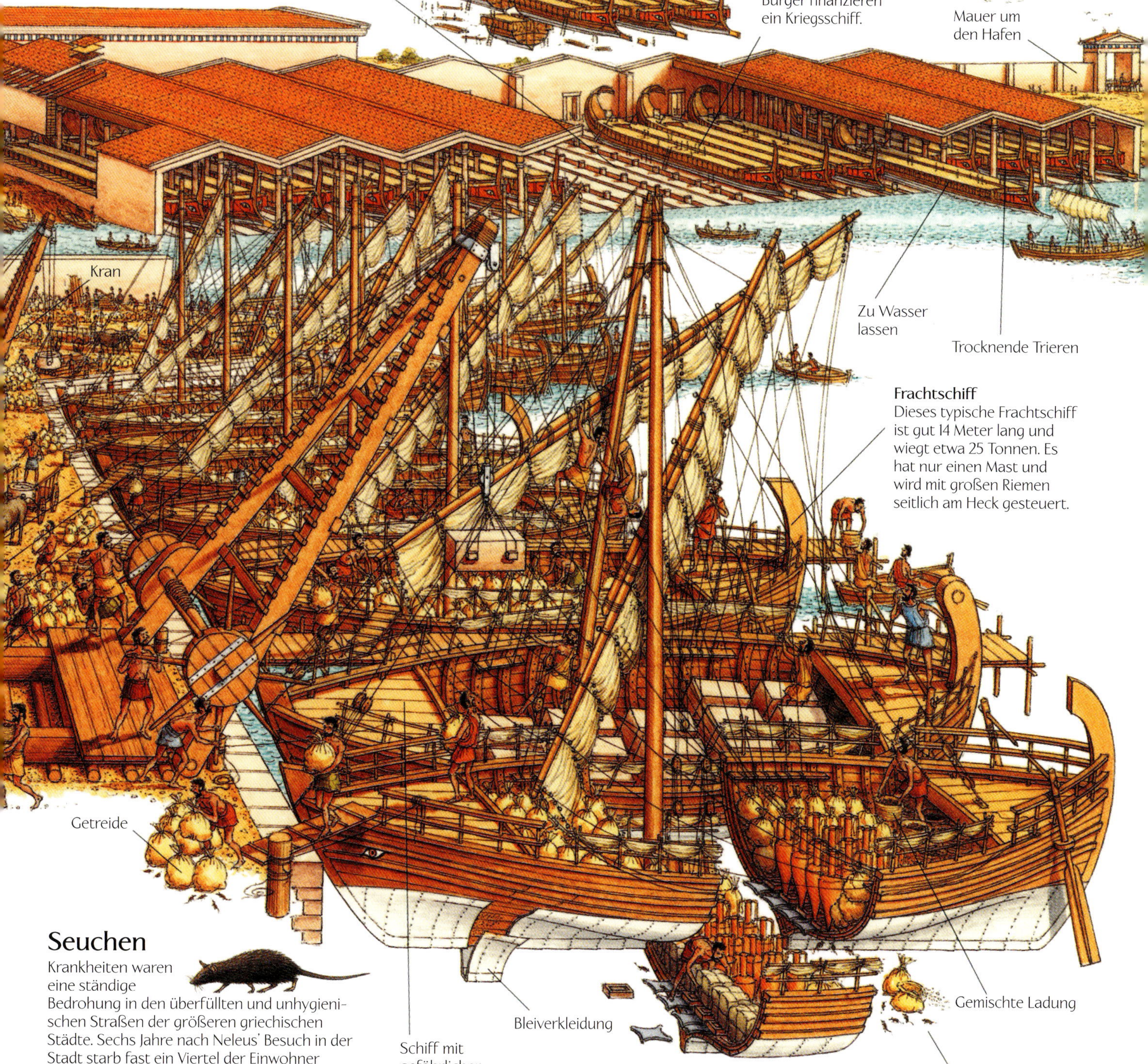

Frachtschiff
Dieses typische Frachtschiff ist gut 14 Meter lang und wiegt etwa 25 Tonnen. Es hat nur einen Mast und wird mit großen Riemen seitlich am Heck gesteuert.

Seuchen

Krankheiten waren eine ständige Bedrohung in den überfüllten und unhygienischen Straßen der größeren griechischen Städte. Sechs Jahre nach Neleus' Besuch in der Stadt starb fast ein Viertel der Einwohner Athens an einer verheerenden Seuche. Wahrscheinlich hatten sie Ratten eingeschleppt, die in Piräus an Land gekommen waren.

In den überfüllten Straßen von Athen

13. TAG

ΘΑΡΓΗΛΙΩΝ

Ich war von Athen enttäuscht. Natürlich stehen in der größten Stadt der Welt beeindruckende Bauwerke, und wir sahen vornehme Leute, aber für meinen Geschmack gab es auch zu viel stinkenden Dreck – und zu viele finstere Gestalten, die sich in dunklen Ecken herumdrückten. Um Geld zu sparen, wohnten wir bei einem Freund. Vater traf sich mit Aspasia und einigen Rechtskundigen, und sie arbeiteten an seinem Fall. Wenn er ihn nicht gewinnt, wird es nichts mit unserem Besuch in Olympia.

Theseus
Theseus war der Held, der in Athen am meisten verehrt wurde. Das berühmteste seiner zahllosen Abenteuer war jenes auf der Insel Kreta, wo er den Minotauros tötete, ein Ungeheuer mit einem Stierkopf, das tief im Inneren eines Labyrinths lebte.

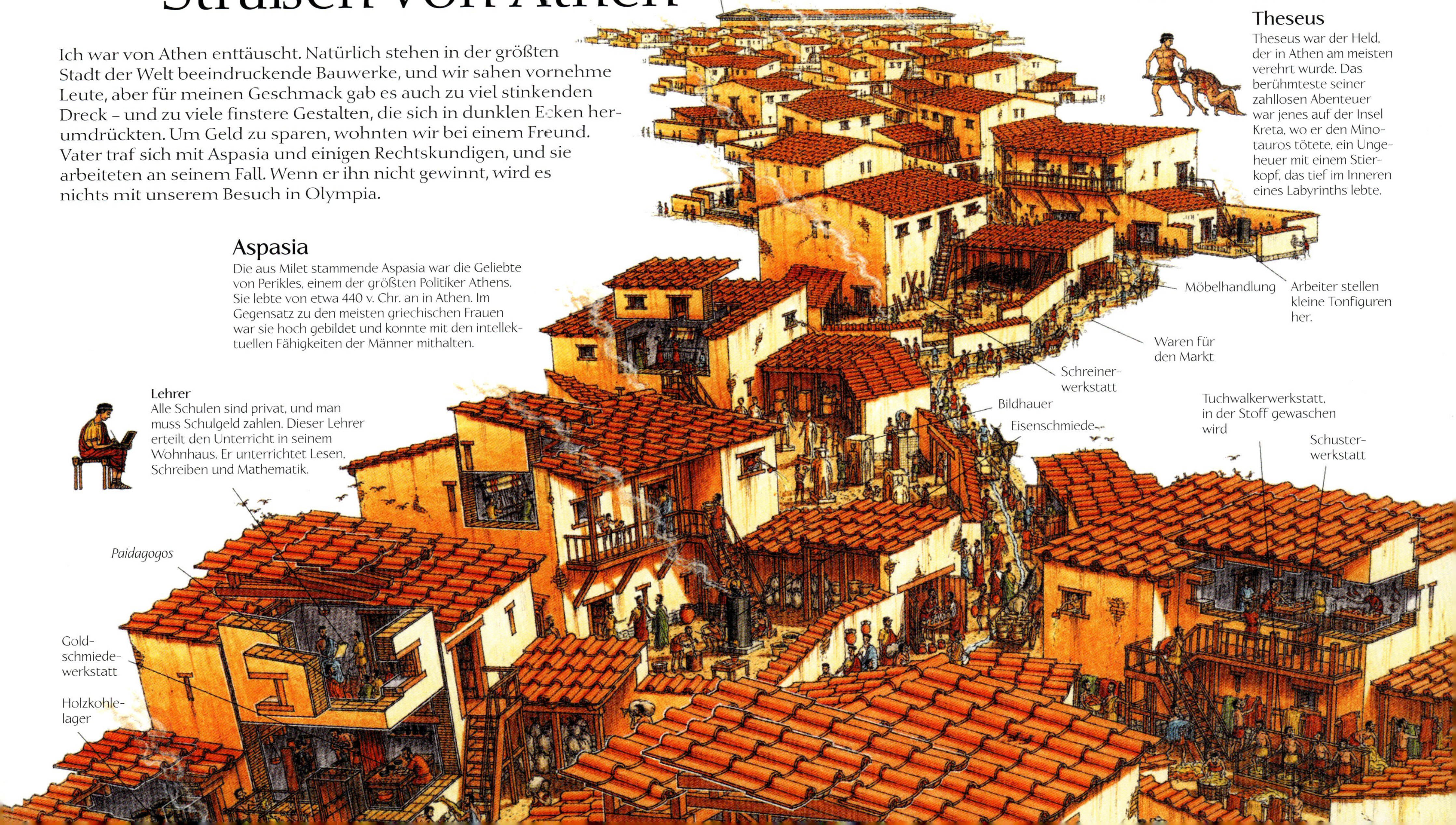

Aspasia
Die aus Milet stammende Aspasia war die Geliebte von Perikles, einem der größten Politiker Athens. Sie lebte von etwa 440 v. Chr. an in Athen. Im Gegensatz zu den meisten griechischen Frauen war sie hoch gebildet und konnte mit den intellektuellen Fähigkeiten der Männer mithalten.

Lehrer
Alle Schulen sind privat, und man muss Schulgeld zahlen. Dieser Lehrer erteilt den Unterricht in seinem Wohnhaus. Er unterrichtet Lesen, Schreiben und Mathematik.

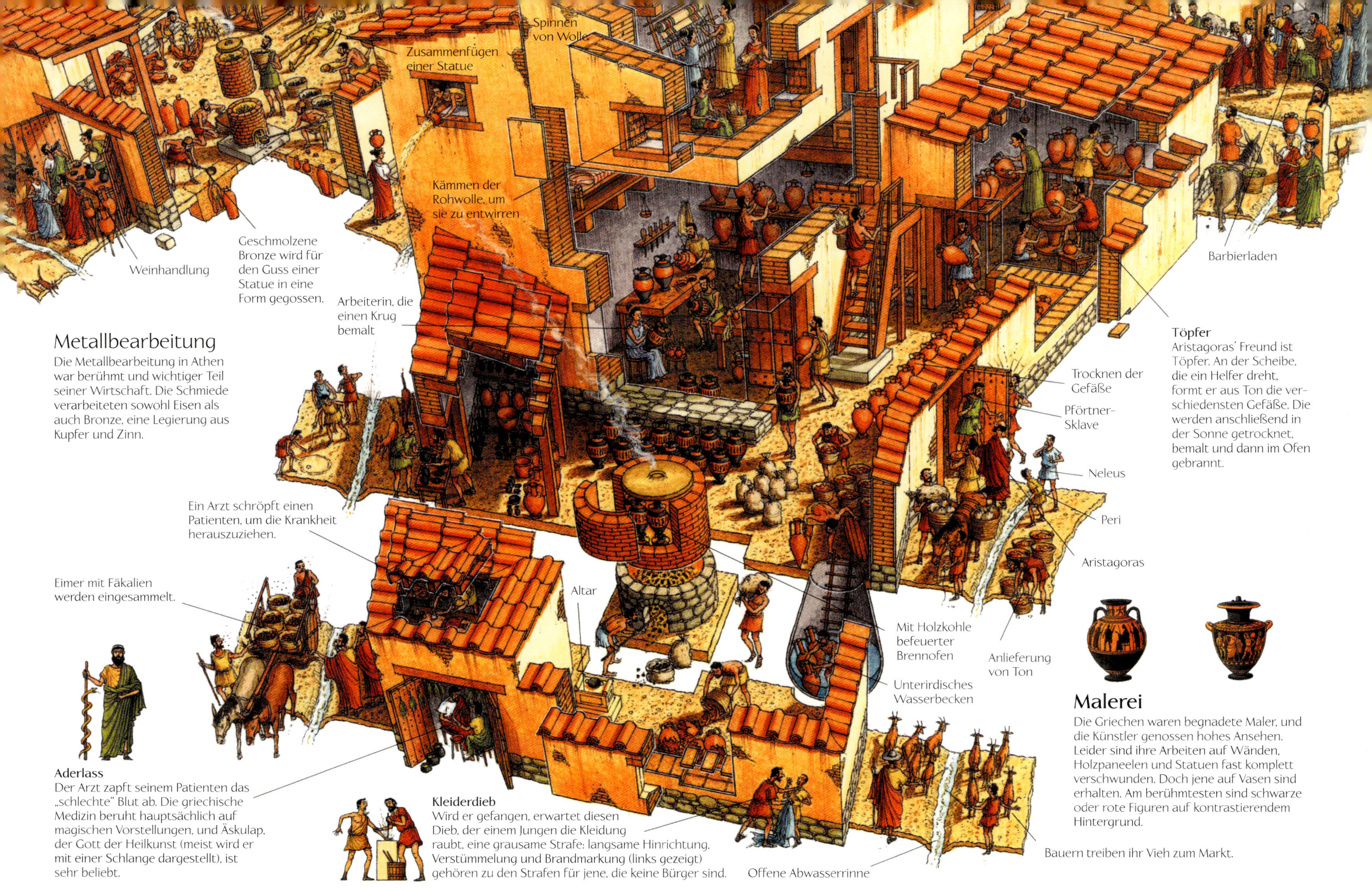

Metallbearbeitung

Die Metallbearbeitung in Athen war berühmt und wichtiger Teil seiner Wirtschaft. Die Schmiede verarbeiteten sowohl Eisen als auch Bronze, eine Legierung aus Kupfer und Zinn.

Töpfer
Aristagoras' Freund ist Töpfer. An der Scheibe, die ein Helfer dreht, formt er aus Ton die verschiedensten Gefäße. Die werden anschließend in der Sonne getrocknet, bemalt und dann im Ofen gebrannt.

Aderlass
Der Arzt zapft seinem Patienten das „schlechte" Blut ab. Die griechische Medizin beruht hauptsächlich auf magischen Vorstellungen, und Äskulap, der Gott der Heilkunst (meist wird er mit einer Schlange dargestellt), ist sehr beliebt.

Kleiderdieb
Wird er gefangen, erwartet diesen Dieb, der einem Jungen die Kleidung raubt, eine grausame Strafe: langsame Hinrichtung. Verstümmelung und Brandmarkung (links gezeigt) gehören zu den Strafen für jene, die keine Bürger sind.

Malerei

Die Griechen waren begnadete Maler, und die Künstler genossen hohes Ansehen. Leider sind ihre Arbeiten auf Wänden, Holzpaneelen und Statuen fast komplett verschwunden. Doch jene auf Vasen sind erhalten. Am berühmtesten sind schwarze oder rote Figuren auf kontrastierendem Hintergrund.

Einkaufen auf der Agora

Während Vaters Fall endlich vor Gericht verhandelt wurde, erkundeten wir die Agora. Als ich mir gerade eine Figur besah, die ich für Mutter kaufen wollte, stahl ein Beutelschneider mein Geld. Glücklicherweise konnte ihn unser Paidagogos festhalten und Peri losschicken, um die skythischen Polizisten zu holen. In dem Augenblick tauchte Vater auf, schwenkte die Arme und grinste wie einst Iason, nachdem er das Goldene Vlies geraubt hatte. Vater hatte gewonnen! Lyrias war schuldig und musste das gesamte Geld zurückzahlen. Die Fahrt nach Olympia war gerettet!

Perikles

Perikles (um 495429 v. Chr.) war der größte politische Führer, den Athen je besaß. Er weitete die Macht der Stadt aus, hielt die Freiheit des einzelnen Bürgers hoch und legte ein Bauprogramm auf, das während des Besuchs unserer Mileter noch in Gang war.

Demokratie

Die athenische Demokratie basierte auf dem Grundsatz, dass alle Vollbürger gleich und frei sind. Deren Volksversammlung war das mächtigste Staatsorgan. Anders als in den heutigen Demokratien waren Frauen jedoch ausgeschlossen.

Bouleuterion

Die laufenden Amtsgeschäfte Athens liegen in der Hand eines 500 Köpfe starken Rats, der „Boule" genannt wird. Die Boule trifft sich im Bouleuterion, überwacht die Beamten und legt vor allem fest, was bei der nächsten Volksversammlung behandelt werden soll.

Agora

Alle griechischen Städte hatten eine Agora, einen Marktplatz, doch die von Athen war die großartigste. Sie wurde von prächtigen öffentlichen Gebäuden gesäumt, in denen ein Großteil der finanziellen, politischen und religiösen Angelegenheiten der Stadt erledigt wird.

Polizisten treiben unwillige Bürger mit in rote Farbe getauchten Stricken zur Volksversammlung.

Skythen
Die Skythen, die aus den Ländern nördlich des Schwarzen Meers stammen, sind hervorragende Reiter und Bogenschützen. Sie stellen die Berufspolizei von Athen.

Hephaistos

Nur in Athen gab es einen Tempel für den hinkenden Feuergott Hephaistos. Anderswo wurde der kunstfertige Sohn von Zeus und Hera weniger verehrt. Doch die Athener mochten ihn, weil er über ihre vielen Schmiede wachte.

Aphrodite

Der Sage nach wurde Aphrodite aus dem Schaum des Meers geboren. Die anmutige Göttin der Schönheit und der Liebe war die Frau von Hephaistos und die Geliebte von Ares.

29. TAG **ΣΚΙΡΟΦΟΡΙΩΝ**

Athenisches Recht

Wenn jemand gegen die sorgfältig formulierten athenischen Gesetze verstoßen hatte, wurde der Fall vor einem Richtergremium aus mehreren hundert Bürgern verhandelt. Ihre Entscheidung fällten sie in geheimer Abstimmung mittels Bronzescheiben: einer hohlen für den Schuldspruch und einer massiven, wenn sie den Angeklagten für unschuldig hielten.

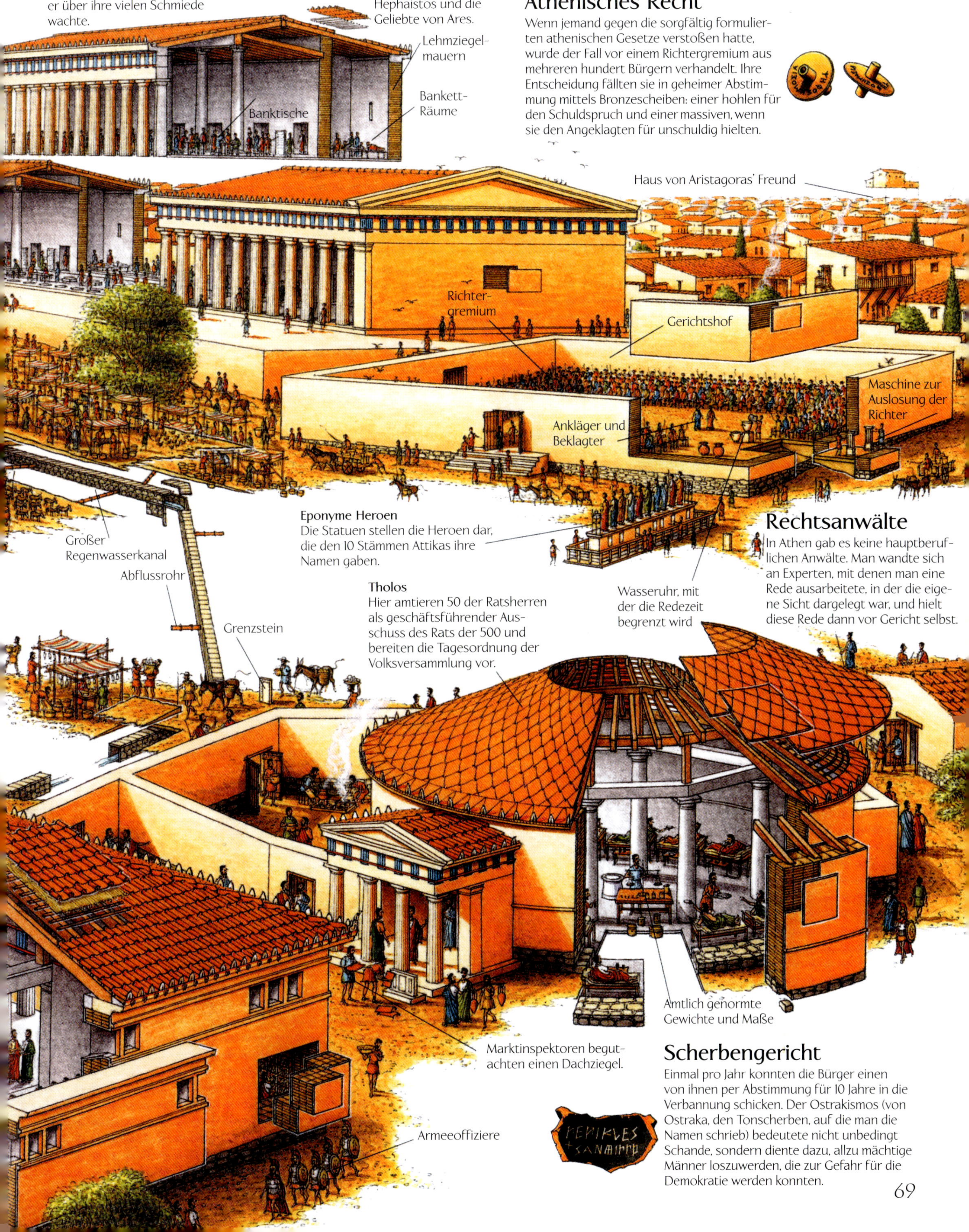

Rechtsanwälte

In Athen gab es keine hauptberuflichen Anwälte. Man wandte sich an Experten, mit denen man eine Rede ausarbeitete, in der die eigene Sicht dargelegt war, und hielt diese Rede dann vor Gericht selbst.

Scherbengericht

Einmal pro Jahr konnten die Bürger einen von ihnen per Abstimmung für 10 Jahre in die Verbannung schicken. Der Ostrakismos (von Ostraka, den Tonscherben, auf die man die Namen schrieb) bedeutete nicht unbedingt Schande, sondern diente dazu, allzu mächtige Männer loszuwerden, die zur Gefahr für die Demokratie werden konnten.

Die Akropolis und das Dionysos-Theater

Vaters Meinung über Athen hatte sich völlig gewandelt. Nun liebte er die Stadt und wollte in ihr leben. Entsetzt bat ich ihn, erst das Orakel in Delphi zu befragen. Er willigte ein. Bevor wir abreisten, stiegen wir hinauf zur Akropolis, brachten Athene ein Dankopfer dar und besuchten das Theater. Dort probte der berühmte Dichter Sophokles seine Tragödie *Aias*. Ratet, wer die Vorstellung schmiss! Peri lief hinter dem Bühnengebäude mit einer Schauspielermaske herum, stolperte und fiel polternd eine Holztreppe hinunter.

Iason

Der sagenhafte Held Iason segelte mit der Argo und ihrer Mannschaft, den Argonauten, nach Osten, um das Goldene Vlies zu holen. Nach vielen Abenteuern und mit Hilfe der Zauberin Medeia raubte er das Vlies dem Drachen, der es bewachte. Seine Geschichte wurde mehrfach zu einem Theaterstück verarbeitet.

Akropolis

Wie viele griechische Städte wurde Athen um einen Burgfelsen, die Akropolis, erbaut. Ursprünglich diente sie der Verteidigung, doch zur Zeit von Neleus und Peri war die Akropolis von Athen auch zur heiligen Stätte geworden.

Schatzkammer

Hier, in der größten Schatzkammer der Stadt, lagert ein erheblicher Teil ihres Reichtums. Nicht wenig davon besteht aus Silber, das aus den Minen von Laurion stammt.

Tragödie

In den griechischen Tragödien (Trauerspielen) ging es meist um mythische Geschichten, um das tragische Schicksal berühmter Sagenfiguren. Ein Großteil der Handlung fand außerhalb der Bühne statt. Die sehr bewegenden Stücke endeten oft mit Gewalt und Tod.

Komödie

Die Komödien (Lustspiele), in denen man sich über die Götter und zeitgenössische Politiker lustig machte, wurden ausschließlich von männlichen Schauspielern aufgeführt, die Masken und unanständige Kostüme trugen.

Athene

Die mit vielen Fähigkeiten ausgestattete Göttin entsprang in voller Rüstung dem Haupt von Zeus. Sie war vor allem eine Kriegsgöttin und wurde zur Hauptgöttin von Attika, als sich die Bewohner entschieden, ihr Geschenk, den Olivenbaum, dem Pferd, das Poseidons Geschenk war, vorzuziehen.

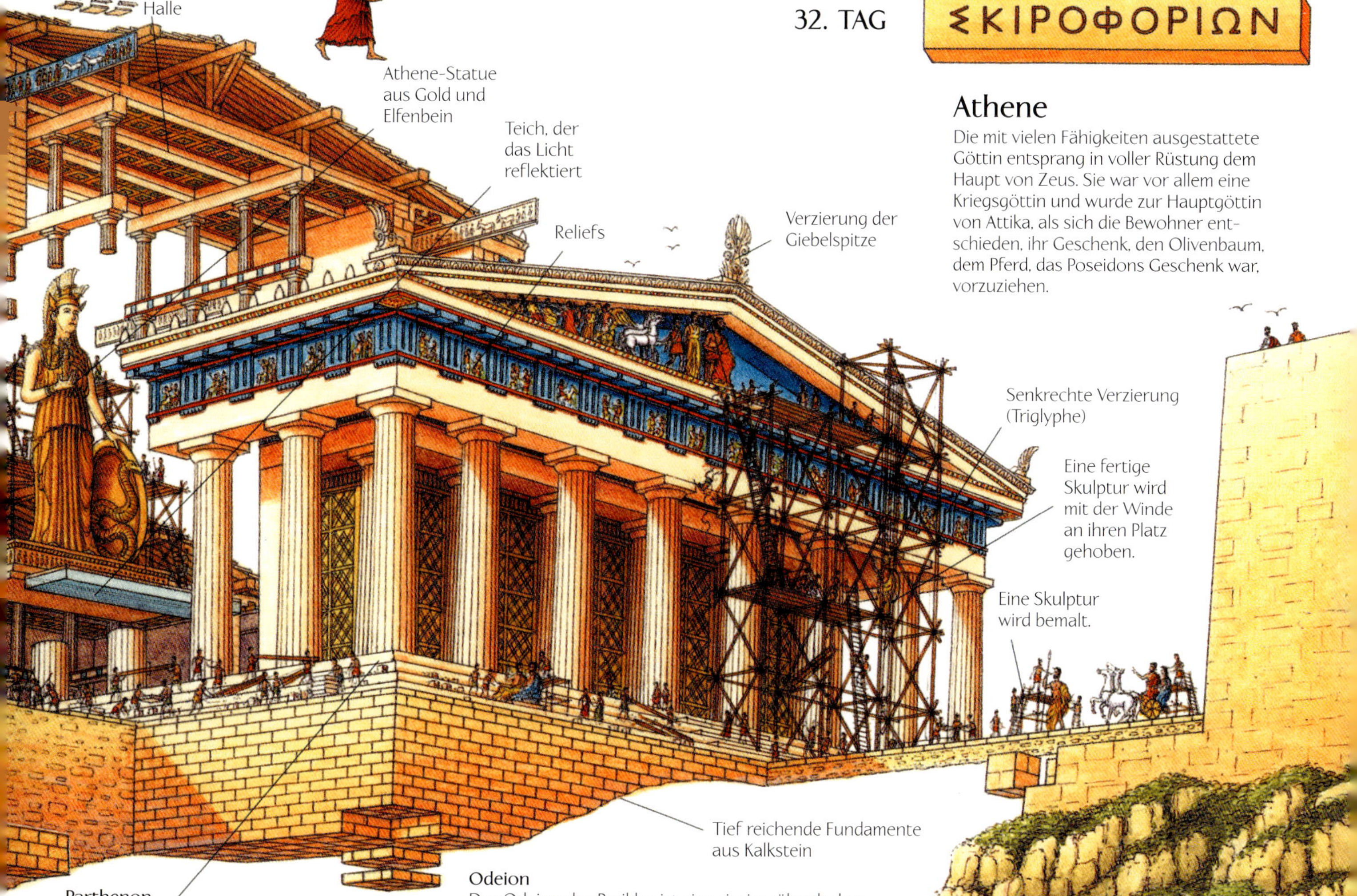

Parthenon
Der großartige Marmortempel der Athene, erbaut im dorischen Stil und mit Skulpturen des Bildhauers Pheidias geschmückt, ist fast fertig. Perikles hat ihn als glänzendes Symbol für die Macht und den Ruhm Athens geplant.

Odeion
Das Odeion des Perikles ist eine riesige, überdachte Halle, in der Musikaufführungen und Theaterproben stattfinden. Sein pyramidenförmiges Dach, das angeblich dem Zelt des besiegten Perserkönigs Xerxes nachempfunden ist, wird von 90 Säulen getragen.

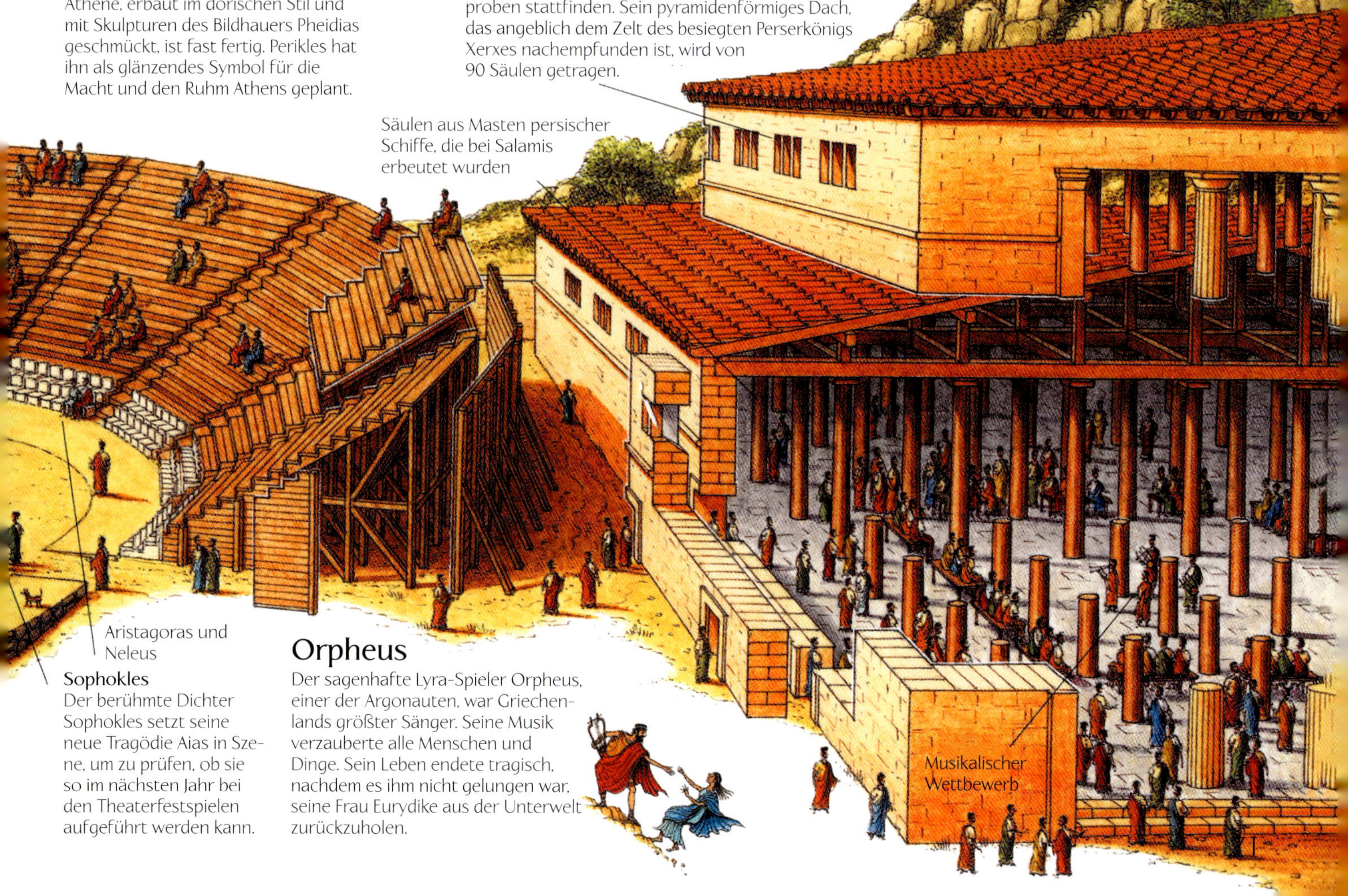

Sophokles
Der berühmte Dichter Sophokles setzt seine neue Tragödie Aias in Szene, um zu prüfen, ob sie so im nächsten Jahr bei den Theaterfestspielen aufgeführt werden kann.

Orpheus

Der sagenhafte Lyra-Spieler Orpheus, einer der Argonauten, war Griechenlands größter Sänger. Seine Musik verzauberte alle Menschen und Dinge. Sein Leben endete tragisch, nachdem es ihm nicht gelungen war, seine Frau Eurydike aus der Unterwelt zurückzuholen.

Apollons Tempel in Delphi

Wir segelten nach Delphi und kamen dabei an Salamis vorbei, wo die Griechen den großartigen Sieg in der Seeschlacht errungen haben. Das Apollon-Heiligtum, der Nabel der Welt, ist ein unheimlicher Ort. Wir fragten den Gott: Sollen wir in Milet bleiben oder nach Athen umziehen? Ich zitterte vor Angst, als der Priester die Antwort brachte: „Weisheit wird euch in Olympia." Vater sagte, dies bedeute, wir sollten in Milet bleiben, wenn Boulos Olympiasieger im Ringen wird, und umziehen, wenn nicht.

Apollon-Heiligtum

Das Heiligtum des Apollon lag in der Nähe jener Stelle, wo der Gott einst seine größten Heldentaten vollbracht hatte; es war das Herzstück des wichtigsten griechischen Wallfahrtsorts.

Orakel

Die häufigste Form, in der Menschen mit Göttern in Verbindung traten, war das Orakel. Dies war ein Heiligtum, wo ein Priester oder eine Priesterin Kontakt zur dort heimischen Gottheit aufnahm und üblicherweise eine (mehrdeutige) Antwort auf die gestellte Frage bekam.

Weihgaben

Die vielen Statuen, Waffen und anderen Gaben in Delphi waren Apollon aus Dankbarkeit für seinen Beistand dargebracht worden. Diese berühmte Statue eines Wagenlenkers war der Dank einer Wagenbesatzung für den Sieg bei den Wettkämpfen in Delphi.

Apollon

Der schöne junge Gott Apollon verkörperte das griechische Männerideal. Mit ihm wurden Verstanc, Musik, Bogenschießen, Medizin ur d ganz besonders die Gabe der Weissagung verbunden. Delos, wo er und seine Schwester Artemis geboren waren, war seine heilige Insel.

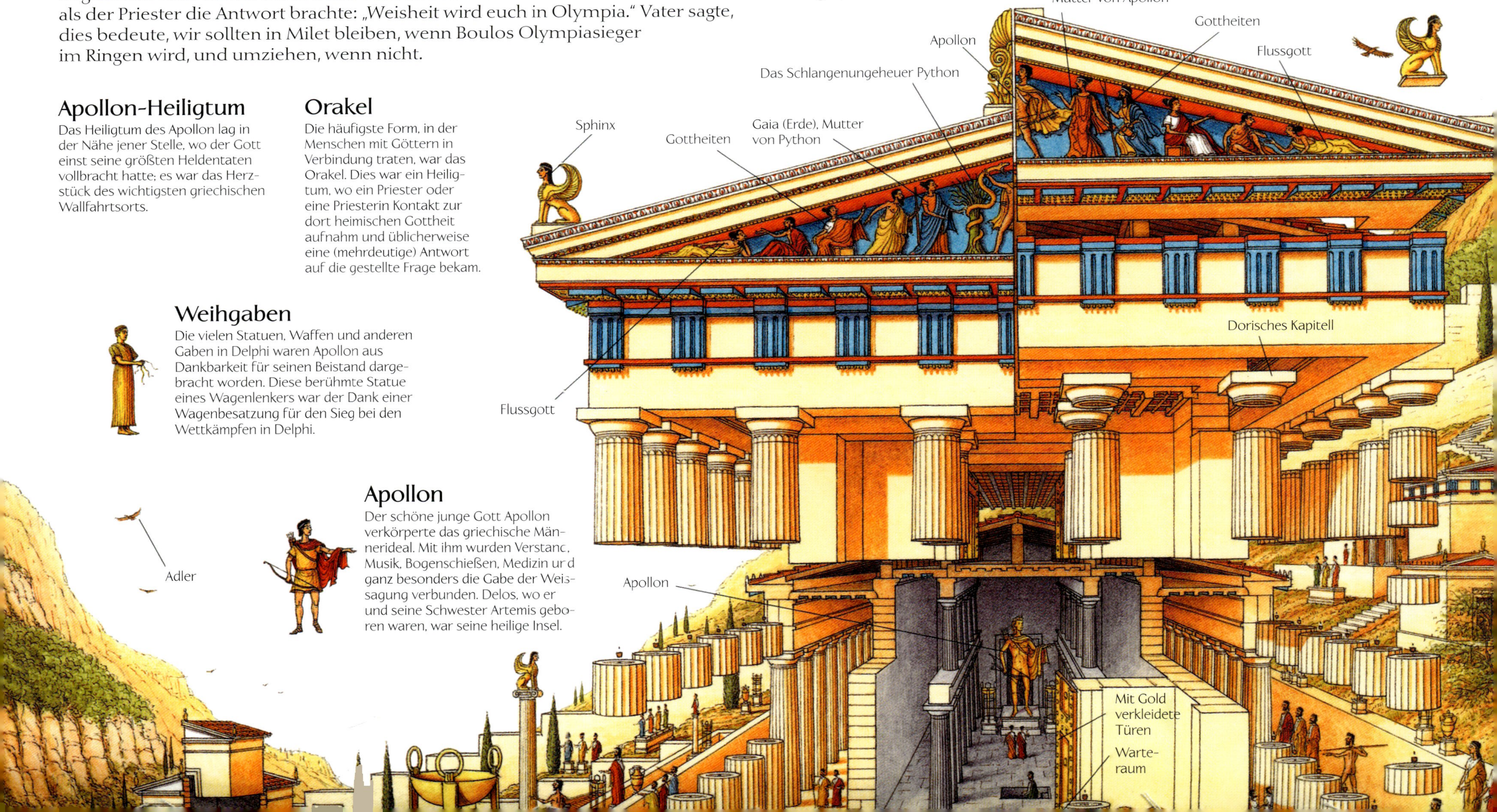

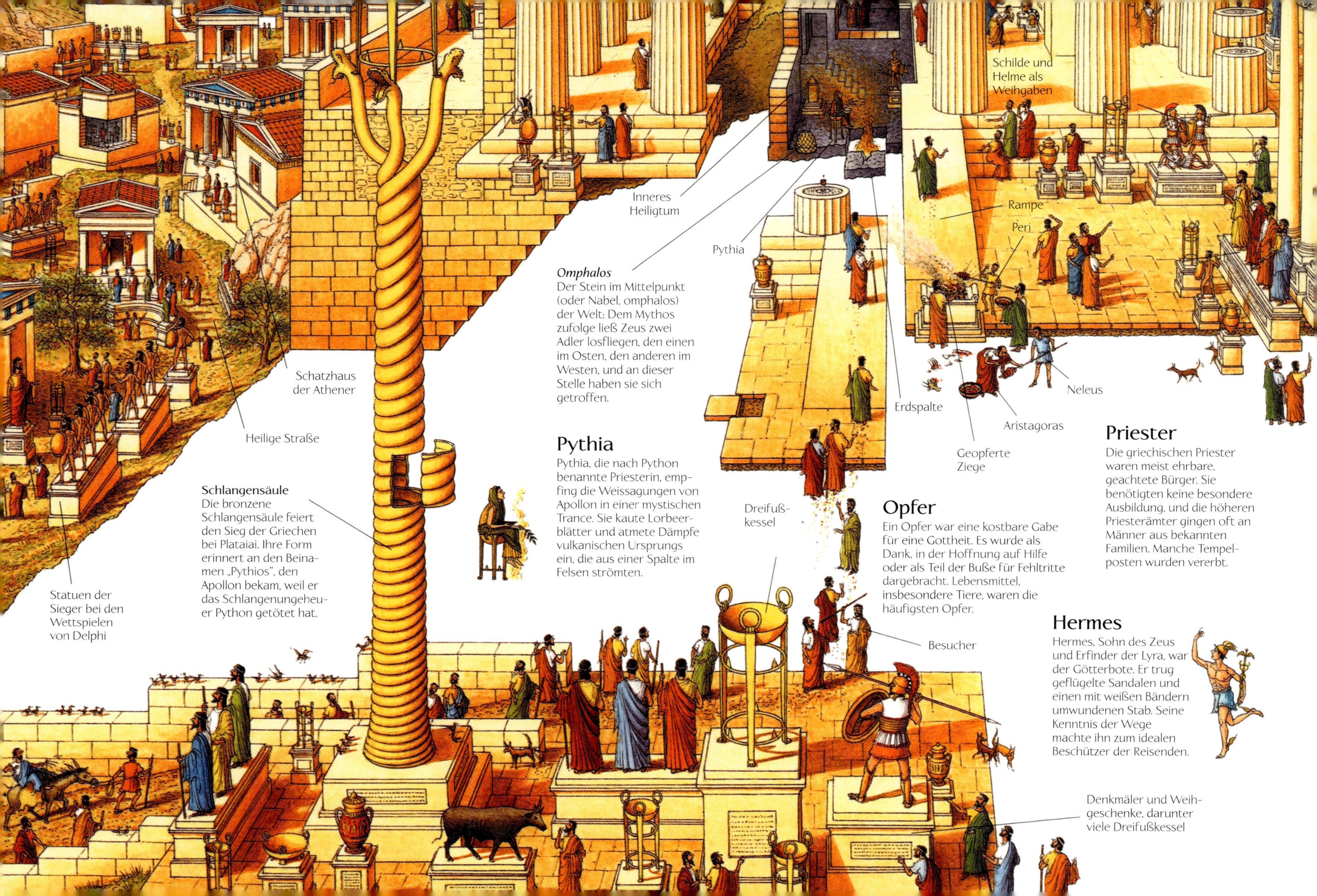

Omphalos
Der Stein im Mittelpunkt (oder Nabel, omphalos) der Welt: Dem Mythos zufolge ließ Zeus zwei Adler losfliegen, den einen im Osten, den anderen im Westen, und an dieser Stelle haben sie sich getroffen.

Pythia

Pythia, die nach Python benannte Priesterin, empfing die Weissagungen von Apollon in einer mystischen Trance. Sie kaute Lorbeerblätter und atmete Dämpfe vulkanischen Ursprungs ein, die aus einer Spalte im Felsen strömten.

Schlangensäule
Die bronzene Schlangensäule feiert den Sieg der Griechen bei Plataiai. Ihre Form erinnert an den Beinamen „Pythios", den Apollon bekam, weil er das Schlangenungeheuer Python getötet hat.

Opfer

Ein Opfer war eine kostbare Gabe für eine Gottheit. Es wurde als Dank, in der Hoffnung auf Hilfe oder als Teil der Buße für Fehltritte dargebracht. Lebensmittel, insbesondere Tiere, waren die häufigsten Opfer.

Priester

Die griechischen Priester waren meist ehrbare, geachtete Bürger. Sie benötigten keine besondere Ausbildung, und die höheren Priesterämter gingen oft an Männer aus bekannten Familien. Manche Tempelposten wurden vererbt.

Hermes

Hermes, Sohn des Zeus und Erfinder der Lyra, war der Götterbote. Er trug geflügelte Sandalen und einen mit weißen Bändern umwundenen Stab. Seine Kenntnis der Wege machte ihn zum idealen Beschützer der Reisenden.

Die Olympischen Spiele

Boulos' Ringkampf fand am dritten Tag der Spiele statt. Sein Gegner war ein Athener, und eine riesige Zuschauermenge war zusammengeströmt. Um besser sehen zu können, kletterten Peri und ich auf einen Baum. Man stelle sich unsere Freude vor, als Boulos nach einem langen Kampf den Sieg errang. Wir sollten in Milet bleiben! Peri war so glücklich, dass er vom Baum fiel. Er wird nie ein Athlet – so wie ich nie Athener sein werde.

Olympische Spiele

Nachdem er eine seiner sagenhaften Taten vollbracht hatte, begründete der berühmteste Held Griechenlands, Herakles, zu Ehren seines Vaters Zeus die Olympischen Spiele. Von 776 v. Chr. an fanden sie jeden vierten Sommer statt und standen allen Männern der griechischen Welt offen.

Olympischer Gottesfrieden

Der olympische Gottesfrieden war eine einmonatige (später dreimonatige) Frist, in der alle Kriege und rechtlichen Händel zwischen den Stadtstaaten ausgesetzt waren. Somit wurden die Spiele nicht durch Auseinandersetzungen gestört, und Sportler wie Zuschauer konnten in Sicherheit teilnehmen.

Zeus

Zeus' Stellung als Göttervater beruhte auf schierer Gewalt. Zum obersten Gott wurde er, indem er seinen Vater, den Titanen Kronos, tötete. Zeus war nicht nur der leibliche Vater von fünf anderen Göttern, sondern auch von zahlreichen Kindern verschiedener Mütter.

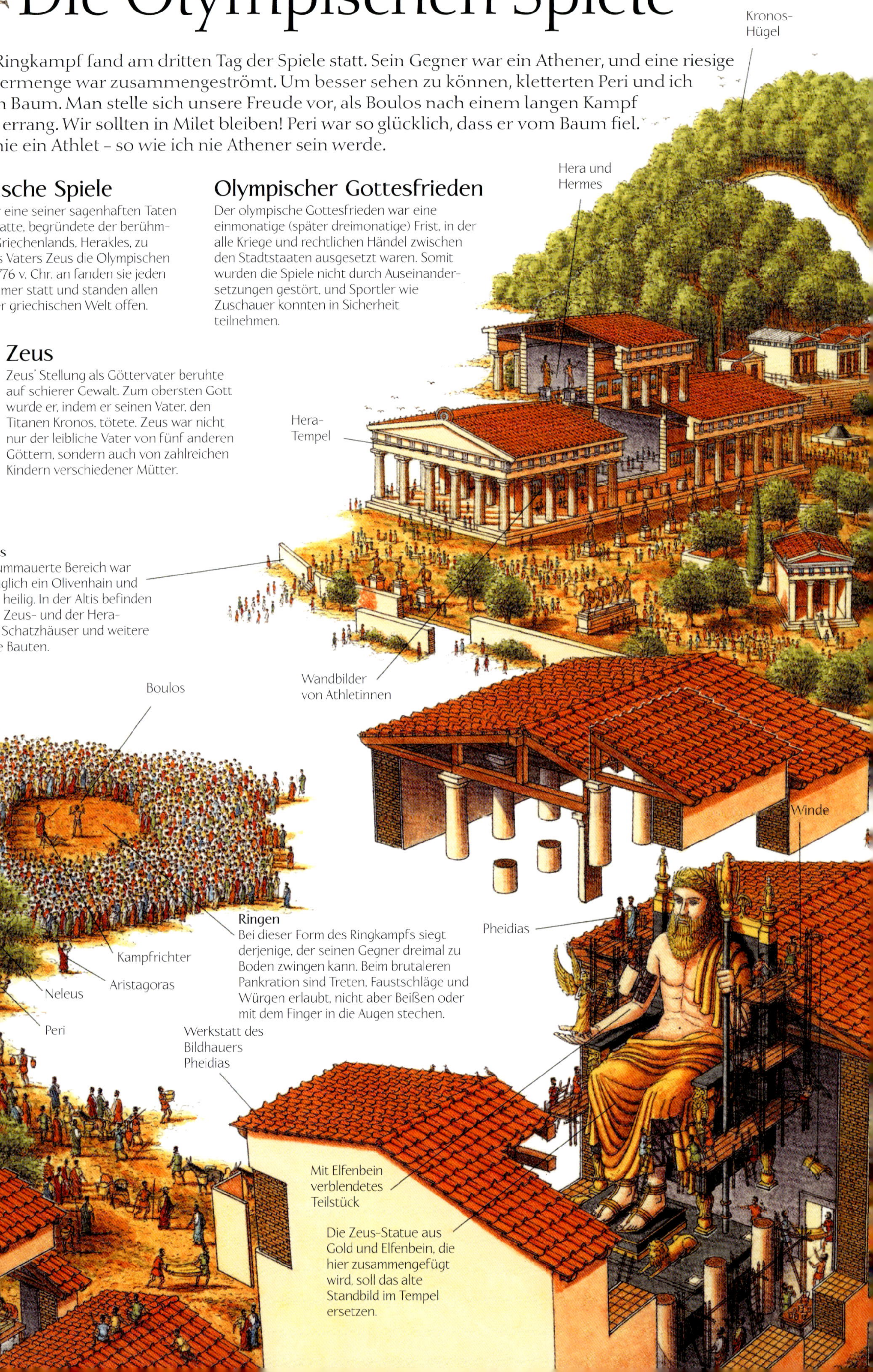

Die Altis
Dieser ummauerte Bereich war ursprünglich ein Olivenhain und ist Zeus heilig. In der Altis befinden sich der Zeus- und der Hera-Tempel, Schatzhäuser und weitere religiöse Bauten.

Ringen
Bei dieser Form des Ringkampfs siegt derjenige, der seinen Gegner dreimal zu Boden zwingen kann. Beim brutaleren Pankration sind Treten, Faustschläge und Würgen erlaubt, nicht aber Beißen oder mit dem Finger in die Augen stechen.

Die Zeus-Statue aus Gold und Elfenbein, die hier zusammengefügt wird, soll das alte Standbild im Tempel ersetzen.

Wettläufe

Im Stadion fanden im wesentlichen drei Wettläufe statt: der einfache über eine Stadionlänge (etwa 200 m), der doppelte über zwei (etwa 400 Meter) und der über 20 oder 24 Stadionlängen (rund 5000 m). Später kam noch ein Wettlauf in voller Rüstung hinzu.

Hippodrom
Das Hippodrom (Pferderennbahn) ist rund 600 m lang und 200 m breit und hat an beiden Enden Wendepfähle. Die Rennen werden von Reitern ohne Sattel und von Wagengespannen bestritten.

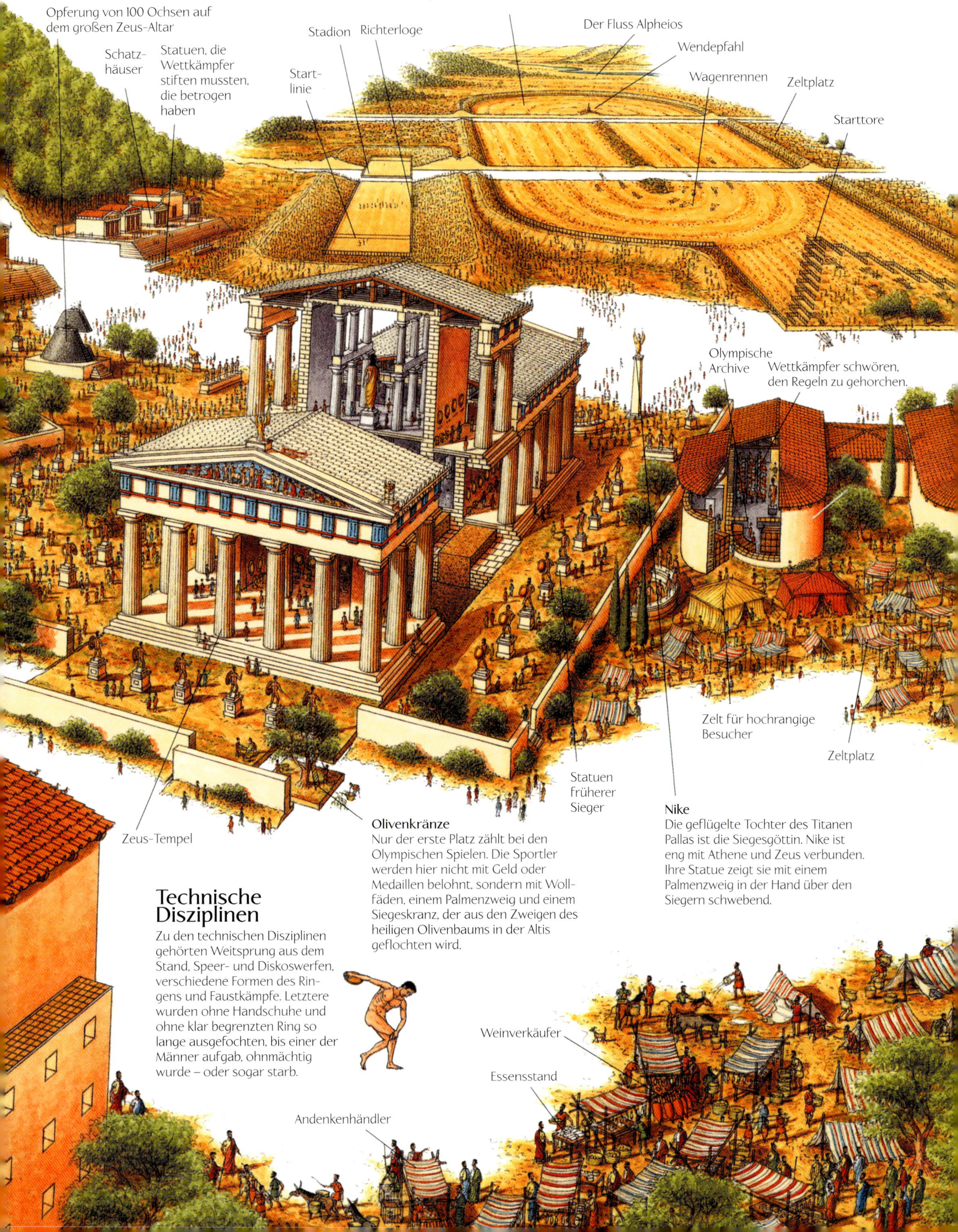

Olivenkränze
Nur der erste Platz zählt bei den Olympischen Spielen. Die Sportler werden hier nicht mit Geld oder Medaillen belohnt, sondern mit Wollfäden, einem Palmenzweig und einem Siegeskranz, der aus den Zweigen des heiligen Olivenbaums in der Altis geflochten wird.

Nike
Die geflügelte Tochter des Titanen Pallas ist die Siegesgöttin. Nike ist eng mit Athene und Zeus verbunden. Ihre Statue zeigt sie mit einem Palmenzweig in der Hand über den Siegern schwebend.

Technische Disziplinen

Zu den technischen Disziplinen gehörten Weitsprung aus dem Stand, Speer- und Diskoswerfen, verschiedene Formen des Ringens und Faustkämpfe. Letztere wurden ohne Handschuhe und ohne klar begrenzten Ring so lange ausgefochten, bis einer der Männer aufgab, ohnmächtig wurde – oder sogar starb.

Glossar

Agora: Ein offener Platz in der Stadt, auf dem Märkte, Versammlungen, Spiele usw. stattfanden.

Akropolis: Eine befestigte und oft heilige erhöhte Stelle im Herzen griechischer Städte.

Amphore: Ein Tonkrug mit Henkeln, meist für Wein.

Attika: Name des Stadtstaates, dessen Hauptstadt Athen war.

Brandmarken: Einbrennen eines Brandmals in die Haut mit einem rotglühenden Eisen.

Bronze: Eine harte Legierung aus Kupfer und Zinn.

Demokratie: Regierung durch die Bürger.

Dorisch: Ein schlichter und massiger Baustil.

Dreifuß: Ein dreibeiniger Ständer für Gefäße.

Dreizack: Eine große, dreizinkige Gabel zum Fischen oder Kämpfen.

Eponym: Held oder Politiker, nach dem beispielsweise ein Volksstamm oder Jahr benannt wurde.

Fries: Ein verziertes Steinband über den Säulen eines Gebäudes.

Hades: Das Reich der Unterwelt, in das die Toten eingingen. Sein Herrscher war der Gott Hades.

Heiligtum: Ein heiliger Ort, wo man eine Gottheit anbetete und verehrte.

Homer: Aus Ionien stammender Dichter, der wahrscheinlich die epischen Gedichte Ilias (über den Fall Troias) und Odyssee (über die Fahrten des Helden Odysseus) geschrieben hat.

Hoplit: Ein Fußsoldat in schwerer Rüstung, der mit Schild, Schwert und Speer bewaffnet war.

Ionien: Gebiet entlang der Westküste der heutigen Türkei.

Lyra: Harfenähnliches Saiteninstrument, das in der Hand gehalten wird.

Metöke: In einem griechischen Staat ansässiger Fremder.

Olympiade: Der Zeitraum von 4 Jahren zwischen zwei Olympischen Spielen.

Opfer: Eine Gabe, um eine Gottheit gnädig zu stimmen, häufig handelte es sich um das Schlacht- oder Brandopfer eines wertvollen Tiers, etwa einer Ziege oder eines Ochsen.

Orakel: Ort, wo Menschen eine Gottheit befragten, von der sie glaubten, sie könne die Zukunft vorhersagen.

Paidagogos: Ein Sklave, der Kinder beaufsichtigte.

Philosoph: Ein „Freund der Weisheit", der nach der Wahrheit in allen Dingen sucht.

Schatzhaus: Gebäude, in dem Geld und Kostbarkeiten als Rücklagen oder als Gabe für die Götter aufbewahrt wurden.

Sphinx: Ein Fabelwesen, häufig mit dem Körper eines Löwen und dem Kopf eines Menschen dargestellt.

Stoa: Ein offenes Gebäude für Versammlungen, dessen Dach von Säulen getragen wurde.

Symposion: Ein Männern vorbehaltenes Trinkgelage.

Titanen: Die mythischen Urgötter, die von den olympischen Göttern besiegt und von der Erde verdrängt wurden.

Tribut: Zahlung, die ein schwächerer Staat einem stärkeren leistete. Obwohl sie theoretisch freiwillig erfolgte, handelte es sich tatsächlich um eine Art Steuer.

Triere: Ein Kriegsschiff mit zweimal drei Reihen von Ruderern übereinander.

Die Olympier

Das waren die 12 Götter, die ihren Sitz auf dem Olymp hatten und zusammen auch als Pantheon bezeichnet wurden.

Aphrodite: Ein Mythos besagt, Aphrodite, die anmutige Göttin der Schönheit und der Liebe, sei aus dem Schaum des Meers geboren. Anderen Quellen zufolge war sie eine Tochter von Zeus. Sie war die Frau von Hephaistos, die Geliebte von Ares und die Mutter von Eros.

Apollon: Der schöne junge Gott Apollon verkörperte das griechische Männerideal. Mit ihm wurden Verstand, Musik, Bogenschießen, Medizin und besonders die Gabe der Weissagung – vor allem in Delphi – verbunden. Delos, wo er und seine Schwester Artemis geboren waren, war seine heilige Insel.

Ares: Ares war der blutrünstige, gnadenlose und manchmal feige Kriegsgott. Er wurde von seinen Eltern, Zeus und Hera, gehasst und hatte nur Hades als Bewunderer: Der Herr der Unterwelt liebte Ares, weil dieser mit seinen Metzeleien sein Reich der toten Seelen füllte.

Artemis: Die jungfräuliche Artemis war die Göttin der Jagd, der Tierwelt und der Geburtshilfe. Außerdem wurde sie mit dem Mond in Verbindung gebracht. Ihr Tempel in Ephesos galt als eines der Sieben Weltwunder der Antike.

Athene: Die mit vielen Fähigkeiten ausgestattete Athene war Göttin des Krieges, Schutzherrin der Künste und des Handwerks sowie die Verkörperung der Weisheit. Sie wurde zur Hauptgöttin von Attika, weil sie den Bewohnern den Olivenbaum schenkte.

Demeter: Demeter, die mystische Göttin des Getreides und aller Erzeugnisse der Erde, war zugleich eng mit der Unterwelt verbunden: Ihre Tochter Persephone war die Frau des grimmigen Unterweltfürsten Hades. Rituale zu Ehren von Demeter kreisten um Tod und Wiedergeburt.

Dionysos: Der Gott des Weins und der Feiern wurde meist von Bocksprünge vollführenden Satyrn (Waldgeistern) begleitet. Die wichtigsten Theaterfestspiele in Athen, die Frühlings-Dionysien, wurden ihm zu Ehren veranstaltet. Manche mit seinem Kult verbundenen Feste waren sehr wild und ungezügelt.

Hephaistos: Hephaistos, ein Sohn von Zeus und Hera, war der kunstfertige Gott des Feuers und der Metallverarbeiter. Seine Esse befand sich unter dem Vulkan Ätna. Nur in Athen hatte man dem Beschützer der Schmiede einen Tempel gebaut.

Hera: Die Schwester und zugleich Gemahlin von Zeus (bei den griechischen Göttern war das erlaubt) war die oberste Göttin und Beschützerin des Heims und der Frauen und Kinder. Hera konnte aber auch grausam sein, insbesondere gegenüber den zahllosen Geliebten ihres Gemahls.

Hermes: Hermes, Sohn des Zeus und Erfinder der Lyra, war der Götterbote. Er trug geflügelte Sandalen und einen mit weißen Bändern umwundenen Stab. Seine Kenntnis der Wege machte ihn zum idealen Beschützer der Reisenden.

Poseidon: Der mächtige Poseidon herrschte über die Meere. Er war ein Bruder von Zeus und wurde meist mit einem Dreizack in der Hand dargestellt. Die Athener verehrten ihn in doppelter Hinsicht: zum einen wegen ihrer Tradition als Seefahrer, zum anderen, weil er als Vater ihres Lokalhelden Theseus galt.

Zeus: Zeus war der oberste der Götter. Seine Macht beruhte auf schierer Gewalt – so wurde er zum Göttervater, weil er seinen Vater, den Titanen Kronos, tötete. Zeus war der leibliche Vater von fünf olympischen Göttern und zahlreichen anderen Kindern verschiedener Mütter. Sein Name bedeutet „Himmel".

Das griechische Alphabet

Das griechische Alphabet basiert auf dem phönikischen, das abgewandelt und um Vokale ergänzt wurde. Dieser Prozess war wohl im 8. Jahrhundert v. Chr. abgeschlossen. Unser Wort „Alphabet" ist von seinen ersten beiden Buchstaben, Alpha und Beta, abgeleitet. Dies sind die altgriechischen Großbuchstaben (Kleinbuchstaben gab es zu Neleus' Zeit noch nicht), ihre Namen und die Umschrift:

Α	Alpha	a
Β	Beta	b
Γ	Gamma	g
Δ	Delta	d
Ε	Epsilon	e (kurz)
Ζ	Zeta	z
Η	Eta	e (lang)
Θ	Theta	th
Ι	Iota	i
Κ	Kappa	k
Λ	Lambda	l
Μ	My	m
Ν	Ny	n
Ξ	Xi	x
Ο	Omikron	o (kurz)
Π	Pi	p
Ρ	Rho	r(h)
Σ	Sigma	s
Τ	Tau	t
Υ	Ypsilon	u
Φ	Phi	ph
Χ	Chi	ch
Ψ	Psi	psi
Ω	Omega	o (lang)

Register